Zaubersäfte

Zaubersäfte

Topfit mit den 60 Magic Juices

Charmaine Yabsley
und Amanda Cross

UMSCHAU : BRAUS

DIE AUTORINNEN:

Charmaine Yabsley ist Herausgeberin des Gesundheitsmagazins und Chefredakteurin des LA Fitness Magazins. Die gebürtige Australierin verlegte ihren Wohnsitz nach London, um dort ihre Karriere als Journalistin auszubauen. Charmaine schreibt für den Gesundheitskanal; Beiträge von ihr erschienen außerdem in verschiedenen Veröffentlichungen zum Thema Gesundheit.

Amanda Cross ist Ernährungswissenschaftlerin. Sie berät Persönlichkeiten der Unterhaltungswelt in Fragen Ernährung und hat regelmäßige Fernsehauftritte in den Sendungen UK Living (Leben in Großbritannien) und Gesundheitskanal.

Die Deutsche Bibliothek – CIP-Einheitsaufnahme

Yabsley, Charmaine; Cross, Amanda:
Zaubersäfte: Topfit mit den 60 Magic Juices
Übersetzung: Übersetzer-Connection, Friedberg
Frankfurt/Main: Umschau/Braus, 2002
Einheitssacht: miracle juices <dt>
ISBN 3-8295-7129-1

Übersetzung: Übersetzer-Connection, Friedberg
Satz: primustype Hurler GmbH, Notzingen
Printed in China 2002
ISBN 3-8295-7129-1
www.umschau-braus.de

Inhalt

Einleitung

Sich fit, gesund und voller Energie zu fühlen, ist für uns alle der Idealzustand. Aber wie oft kommt es vor, dass wir glauben Bäume ausreißen zu können? Meist sind wir ein bisschen müde, merken, dass eine Erkältung im Anzug ist, der Stress lässt uns nachts nicht schlafen oder wir fühlen uns ganz einfach abgeschlagen. Wir neigen dazu, diese Erscheinungen als Normalität hinzunehmen. Dabei sollten wir uns mit nicht weniger als mit 100 Prozent Gesundheit zufrieden geben. Warum einen Tag nach dem anderen mühsam hinter sich bringen anstatt danach zu streben, jeden Moment voll auszuleben, jeder neuen Idee und jeder neuen Situation mit Aufgeschlossenheit und Tatkraft zu begegnen? „Wundersäfte" richtet sich an Menschen, die entschlossen sind, Gesundheit zu erlangen und zu bewahren, Menschen mit einer ganzheitlichen Lebensführung und dem Motto: Freue dich jetzt an deiner Gesundheit und sorge dafür, dass sie morgen genau so gut ist wie heute.

Wie Saft helfen kann?

Wir alle wissen, dass wir zur Erhaltung einer perfekten Gesundheit mindestens fünf Portionen Obst und Gemüse pro Tag essen sollten. Dem steht unsere moderne Lebensführung mit häufigen Stresssituationen und Umweltbelastungen entgegen. Wie oft nehmen wir in aller Eile etwas zu uns, ohne auf den Nährwert oder die täglichen Bedürfnisse unserer Körpers zu achten?! Essen bedeutet für uns nicht mehr, den Körper mit wertvollen Brennstoffen zu versorgen, es ist zu einer täglichen Pflichtübung geworden. Wenn Ihr Körper ein Auto wäre, würden Sie ihn mit dem besten Treibstoff versorgen und sorgfältig darauf achten, dass er immer genügend Öl und Wasser hat. Viele von uns widmen ihrem Körper jedoch nicht so viel Aufmerksamkeit. Sie neigen dazu, ihn mit irgend etwas zu füttern, Hauptsache es geht schnell und macht nicht viel Umstände.

Warum Saft?

Gesundheitsfördernde Wirkungen

Obst und Gemüse gehören zu den preiswertesten Lebensmitteln und roh genossen erfordern sie so gut wie keine Vorbereitungszeit. Dennoch greifen wir zu Chips oder Keksen und nicht zu Karotten, wenn wir Hunger haben. Dies ist in doppelter Hinsicht schädlich. Minderwertige und vorbearbeitete Nahrung hat wenig Nährwert, und das Gefühl von Sättigung tritt erst nach einer größeren Menge ein. Zugegeben, es ist ein mühsames Unterfangen, eine Tüte Äpfel oder Karotten zu essen und das ist genau der Grund, warum Entsaften so attraktiv ist. Entsaften Sie eine Tüte Äpfel, genießen Sie den Saft und schenken Sie Ihrem Körper so ein Höchstmaß an leicht aufzunehmenden Nährstoffen und ein Gefühl der Zufriedenheit.

Bei dem Gedanken an Obst und Gemüse übersehen viele, dass wir ihre gesundheitsfördernde Wirkung auch in der Form von Saft nutzen können. Es bedarf nur wenig Mühe, mit seiner Hilfe optimale Gesundheit zu erlangen. Die Verwendung von qualitativ wertvollen Zutaten garantiert absolute Güte. Durch eine tägliche Kombination von mehreren Obst- und Gemüsesorten versorgen Sie Ihren Körper ausreichend mit Vitaminen und Mineralstoffen.

Worin besteht eigentlich der große Unterschied zwischen frisch gepresstem Saft und Saft aus dem Supermarkt? In erster Linie natürlich darin, dass frischer, selbst zubereiteter Saft immer mehr Nährstoffe enthält als die Produkte aus den Geschäften. Gekaufter Saft wurde einige Zeit vor dem Verzehr gepresst, verpackt, mit Wasser verdünnt. Aus diesem Grund enthält er weniger Nährstoffe und erzielt somit eine geringere gesundheitsfördernde Wirkung. Außerdem finden sich in gekauftem Saft häufig Zusatzstoffe. Sie wiederum beeinträchtigen die positiven Auswirkungen von Obst und Gemüse. Es gibt nur eine Möglichkeit mit 100%iger Sicherheit zu wissen, was ein Saft genau enthält: Man muss dabei sein, wenn er hergestellt wird.

Schnelle Assimilation

Reine Obst- und Gemüsesäfte schmecken wunderbar und sind eine hervorragende Ergänzung des täglichen Speiseplans. Sie leisten jedoch noch mehr. Die im Saft enthaltenen Nährstoffe können vom Körper sehr schnell genutzt werden. Bei fester Nahrung kommen Zellen und Gewebe erst nach mehreren Stunden der Verdauung in den Genuss der Nährstoffe. Obst- und Gemüsesäfte haben entwässernde Wirkung. Aus diesem Grund ist es gut möglich, dass Sie anfangs häufiger als sonst die Toilette aufsuchen müssen. Auch leichte Kopfschmerzen sind eine nicht seltene Begleiterscheinung. Wenn sich der Körper jedoch an die entgiftende Wirkung des Saftes gewöhnt hat, verschwinden diese Nebenwirkungen schnell.

Rundherum gesund

Leiden Sie an einer bestimmten Krankheit oder versuchen Sie, Krebs oder Erkrankungen des Herzens zu verhindern? Einige Kombinationen von Obst und Gemüse sind in diesem Zusammenhang außerordentlich hilfreich. Pioniere der Idee „Behandlung durch Ernährung" wie N.W. Walker und Max Gerson befürworten schon seit langem Saft als Bestandteil des Behandlungsplans bei einigen degenerativen Erkrankungen. Saft ist zweifellos von höchstem Nutzen für die Gesamtgesundheit. Vergessen Sie jedoch nicht, dass er immer nur eine Vervollständigung des täglichen Speiseplans sein sollte. Die Notwendigkeit, genügend Nahrungsmittel aus den anderen Gruppen (Getreide, Milchprodukte und Hülsenfrüchte) zu verzehren, bleibt bestehen. Nur so ist sicher gestellt, dass Ihr Körper starke Knochen und gesunde Zellen behält.
Sollten Sie sich nach bestimmten Diätvorschriften richten müssen oder in ärztlicher Behandlung sein, ist eine Beratung mit einem Fachmann vor Beginn einer tiefgreifenden Ernährungsumstellung natürlich immer empfehlenswert.

Optimale Gesundheit durch Saft

Die Wirksamkeit von Saft erklärt sich natürlich in erster Linie durch die in Obst und Gemüse enthaltenen Vitamine und Mineralstoffe. Frisches Obst und Gemüse enthält lebenswichtige Nährstoffe wie Antioxidantien, die Vitamine A, B, C und E, Folsäure, Kalium, Kalzium, Zink und Aminosäuren. Sie alle sind unerlässlich für optimale Gesundheit. Saft ist der natürliche und einfache Weg, die täglich benötigten Vitamine zu sich zu nehmen.

Enzyme sind ein anderer wichtiger Bestandteil. Sie sind für die Verdauung und für die Absorbierung von Nahrung im Körper wichtig. Enzyme verwandeln Nahrung in Körpergewebe; sie sind bedeutende Energieproduzenten und ohne sie kann unser Stoffwechsel nicht auf Hochtour laufen. Frischer Saft ist die beste Enzymquelle für Ihren Körper. Dies erklärt sich in erster Linie aus der Tatsache, dass während des Kochvorgangs die Enzyme in Gemüse zerstört werden – wenn die Temperatur 114° übersteigt, zerfallen sie. Räumen Sie Rohkost einen möglichst großen Stellenwert in Ihrer Ernährung ein und nutzen Sie so optimal die gesundheitsfördernde Wirkung von Enzymen.

Schutz vor Krankheit

Ein hoher Anteil von Obst und Gemüse in der Ernährung kann eine große Anzahl von Erkrankungen verhindern oder zu ihrer Heilung beitragen. Pflanzliche Stoffe, auch bekannt unter dem Namen phytochemische Substanzen, sind eine Grundlage der Ernährungsforschung. Sie spielen eine Schlüsselrolle, wenn es darum geht, den schweren, meist tödlich verlaufenden Krankheiten unserer Zeit, wie Krebs und Herzerkrankungen und den häufigsten Störungen wie Asthma, Arthritis und Allergien vorzubeugen.

In Brokkoli und anderen Gemüsen aus der Familie der Kreuzblütler befinden sich Stoffe wie Dithiolthione. Sie beschleunigen die Enzymtätigkeit während des Entgiftungsprozesses im Körper. Hierbei wird eine wahre Flut von Molekülen, Gluthiatone genannt, erzeugt. Diese wiederum können Schadstoffe wie z. B. Karzinogene zerstören. Beachten Sie jedoch, nur der regelmäßige Verzehr dieser Gemüse beugt Krebs vor. Zitrusfrüchte haben einen hohen Gehalt an Vitamin C und enthalten Stoffe, die den Körper bei der Bekämpfung von Karzinogenen unterstützen. Auch Pektin findet sich in Zitrusfrüchten. Es senkt den Cholesterinspiegel im Blut. Diese Wirkung erzielt es jedoch nur, wenn auch die Kerne und Innenhäute der Frucht beim Entsaften mit verarbeitet werden. Eine phytochemische Substanz in Trauben scheint das DNA jeder Zelle vor Schädigungen zu schützen. Ähnliches trifft auf eine Anzahl von grünen Gemüsen zu. Phytochemische Substanzen in ihnen dienen ebenfalls dem Schutz vor krebserregenden Stoffen. Die Liste scheint endlos: Bok Choy (chinesischer Blätterkohl), Brokkoli, Rosenkohl, Kohl, Blumenkohl, Karotten, Grünkohl, Kohlrabi, Senfkraut, die grünen Blätter der Steckrübe, Rote Beete, Paprika, Knoblauch, Zwiebel, Lauch und Schnittlauch um nur einige Gemüsesorten zu nennen, die anscheinend krebsverhütende phytochemische Substanzen enthalten. Wenige von uns essen jedoch so viel Obst und Gemüse, dass sie diesen Vorteil auch voll nutzen könnten. Das Nationale Krebstinstitut in den USA empfiehlt z. B. fünf Portionen Obst und Gemüse pro Tag. Der Durchschnittsverzehr von Gemüse beläuft sich in Amerika jedoch lediglich auf 1,5 Portionen, Obst wird häufig überhaupt nicht gegessen. Untersuchungen der jüngeren Vergangenheit haben gezeigt, dass die Essgewohnheiten in Deutschland nicht viel besser sind. 65% aller Erwachsenen essen nicht mehr als eine Portion Obst und Gemüse pro Tag.

Traditionelle Nährwerte

Obst- und Gemüsesäfte sind eine traditionelle, alt bekannte Quelle für Nährstoffe. Zitrusfrüchte enthalten eine gesunde Menge an Vitamin C. Vitamin A findet sich in Karotten in der Form von Beta-Karotin. Viele Säfte aus grünen Gemüsen liefern Vitamin E. Obstsäfte versorgen uns mit essentiellen Mineralstoffen, wie z. B. Eisen, Kupfer, Kalium, Natrium, Jod und Magnesium. Auf Grund ihrer Anbindung an die Pflanze werden sie alle während des Verdauungsprozesses sehr leicht assimiliert. Während des Entsaftens werden die Pflanzenfasern entfernt. So werden dem Körper wesentlich mehr Nährstoffe zugeführt als dies beim Verzehr von rohem Obst oder Gemüse der Fall ist. Wenn Sie zum Beispiel eine rohe Karotte essen, nehmen Sie nur etwa 1 Prozent des darin enthaltenen Beta-Karotins auf, der Rest bleibt in der Pflanzenfaser. Wird eine Karotte entsaftet, assimiliert der Körper fast 100 Prozent des Beta-Karotins. Schließlich enthalten Obst und Gemüse eine weitere für die Gesundheit unerlässliche Substanz, nämlich Wasser. Die Zellen im menschlichen Körper bestehen zu mehr als 65% aus Wasser, in einigen Geweben z. B. im Gehirn beträgt der Wasseranteil sogar 80 Prozent. Ohne ausreichend Wasser ist eine gute Gesundheit niemals zu erreichen. Die meisten Menschen trinken jedoch zu wenig oder falsch. In Kaffee, Tee, alkoholfreien- und alkoholhaltigen Getränke sowie in Getränken mit künstlichen Geschmacksverstärkern befinden sich Stoffe, die vom Körper nur mit Wasser ausgeschieden werden können. D.h. sie sind keine Flüssigkeitszufuhr, ganz im Gegenteil, sie wirken entwässernd. Obst- und Gemüsesäfte enthalten diese völlig überflüssigen Substanzen nicht.

Wovor schützt mich Saft?

Zum einen versorgt der Saft den Körper mit Vitaminen und Nährstoffen, zum anderen enthält Obst und Gemüse die Geheimwaffe der Natur gegen den Alterungsprozess, die Antioxidantien. Weshalb altern wir? Es gilt als erwiesen, dass freie Radikale hier eine große Rolle spielen. Freie Radikale sind hochreaktive Moleküle, denen ein Elektron fehlt.

FÜNF PUNKTE, DIE FÜR SAFT SPRECHEN

1. Ihr Körper erhält die benötigte Menge von Vitaminen und Mineralstoffen.
2. Die Antioxidantien in Obst und Gemüse verleihen Ihrer Haut ein jüngeres Aussehen.
3. Folsäure in Obst und Gemüse sorgt für kräftige Haare und Nägel.
4. Saft ist ein gesunder Begleiter, wenn Sie eine Diät machen
5. Saft unterstützt die Rekonvaleszenz nach Krankheit in idealer Weise.

Sie greifen die Zellen an, um sich dieses Elektron zu beschaffen und sich so zu stabilisieren. Die angegriffenen Zellen werden dabei beschädigt und werden selbst zu freien Radikalen. So setzt sich eine Kettenreaktion in Gang. Der durch die freien Radikale angerichtete Schaden äußert sich in Falten, schlaffer Haut, vermindertem Muskeltonus, Altersflecken und altersbedingten Erkrankungen. Zur Bekämpfung dieser Probleme brauchen wir Antioxidantien. Wenn wir ein Glas Saft trinken, merken wir nicht, dass wir Antioxidantien zu uns nehmen. Aber das sichere Wissen darum, dass der Saft aus vier oder fünf unserer Lieblingssorten von Obst oder Gemüse die täglich notwendige Menge an Antioxidantien enthält, gibt uns ruhige Gewissheit. Darüber hinaus gilt: Wer den Tag mit gesunder Ernährung beginnt, gestaltet mit größerer Wahrscheinlichkeit auch die restlichen Mahlzeiten dieses Tages vernünftiger.

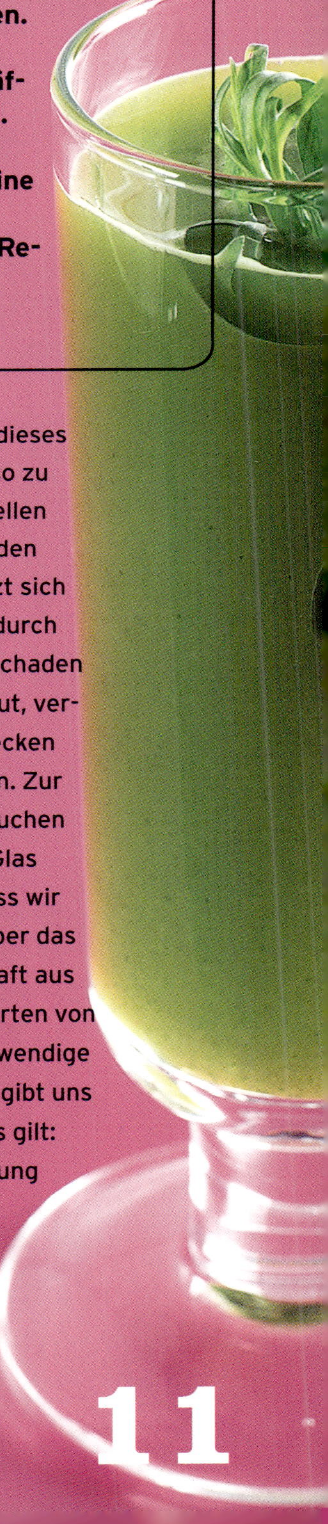

Alles über die Herstellung von Saft

Wer die Wahl hat, hat die Qual; als erstes müssen Sie sich für einen Entsafter entscheiden. Die Auswahlmöglichkeiten sind groß. Sie reichen vom einfachen Entsafter bis zum kostspieligen high-tech Produkt. Prinzipiell werden beim Entsaften Fruchtfleisch und Saft voneinander getrennt. Natürlich kann man dies auch per Hand tun, aber die Tätigkeit ist zeitraubend und macht viel Schmutz. Gehen Sie in ein Kaufhaus und prüfen Sie das Angebot. Suchen Sie nach Geräten bekannter Hersteller und achten Sie besonders darauf, dass die Öffnungen auch für größere Stücke von Obst und Gemüse geeignet sind und dass der Entsafter einfach auseinander genommen und gereinigt werden kann. Die Auswahl ist vielfältig, suchen Sie sich den Entsafter aus, der Ihren Anforderungen entspricht.

Zitruspressen

Auch wenn Sie Neuling auf dem Gebiet des Entsaftens sind, befindet sich das einfachste Gerät wahrscheinlich schon in Ihrer Küche. Die Zitronenpresse ist ideal zum auspressen von Orangen, Zitronen, Limonen und Pampelmuse. Sie ist bestens geeignet für die Herstellung einer kleinen Menge Saft, der dann mit einer anderen Flüssigkeit vermischt werden kann. Reiner Zitrussaft hat einen hohen Säuregehalt und reizt dadurch oft den Magen. Wenn Sie Saft aus Zitrusfrüchten pur trinken möchten, geben Sie ein wenig Wasser hinzu und genießen Sie dann die Früchte Ihrer Arbeit!

Zentrifugenentsafter

Der Zentrifugenentsafter ist das gebräuchlichste und verbreitetste Produkt auf dem Markt. Er arbeitet nach dem Prinzip der Zentrifugalkraft. Hierbei gelangen frisches Obst und Gemüse auf sich schnell drehende Reiben, und der Saft wird vom Fruchtfleisch getrennt. Das ausgepresste Fruchtfleisch bleibt in der Maschine und der Saft läuft fertig zum Verbrauch in einen separaten Behälter. Für alle, die mit ganz großem Eifer bei der Sache sind, soll hier angemerkt sein, dass dieses Gerät weniger Saft erzeugt als ein Press-Ensafter, was für einige Ernährungswissenschaftler wiederum bedeutet, dass auch weniger Nährstoffe gewonnen werden.

Press-Entsafter

Eine etwas teurere Version. In diesem Gerät werden Obst und Gemüse stark zerkleinert und dann mit großer Kraft durch ein Haarsieb gepresst. Diese Methode erzeugt sehr viel Saft und dementsprechend viel Nährstoffe. Es ist besser, frisches Obst und Gemüse zu entsaften und auf Erwärmen oder Kochen zu verzichten, da bei diesen Vorgängen sehr viele Enzyme verloren gehen. Der Press-Entsafter hat keine Messer oder Reiben. Folglich kann es nicht zu Überhitzungen kommen, bei denen wertvolle Substanzen der Zutaten vernichtet würden.

Hydraulische Presse

Bei einem Besuch in der Saftbar werden Ihnen teure, glitzernde Maschinen auffallen, die große Mengen von Obst und Gemüse verarbeiten. Wenn Sie sich nicht eine eigene Saftbar einrichten wollen, werden Sie eine solche Maschine kaum benötigen.

Den Entsafter säubern

Der einzige Nachteil des Entsaften ist es, dass das Gerät wieder gesäubert werden muss. Fruchtfleisch und Saft bleiben zurück und der Entsafter muss vor jedem Gebrauch gründlich gereinigt werden. Achten Sie beim Kauf darauf, dass das Gerät leicht auseinandergenommen werden kann. Anderenfalls ist die Säuberung eine mühsame Angelegenheit und diese Mühe könnte dazu führen, dass Sie Ihren Entsafter nicht mehr benutzen. Säubern Sie das Gerät gründlich, eventuelle Rückstände sind eine ideale Brutstätte für Bakterien. (Viele Entsafter werden mit einer kleinen Bürste geliefert, mit Zahnbürste oder Nagelbürste lässt sich jedoch noch vorhandenes Fruchtfleisch genau so leicht entfernen.) Rückstände an schwer zu erreichenden Stellen lassen sich leichter abbürsten, wenn Sie das Gerät einige Zeit in warmem Seifenwasser einweichen. Eine Lösung aus einem Teil hellem Essig und zwei Teilen Wasser beseitigt Verfärbungen durch Obst und Gemüse.

Vorbereitungsarbeiten

Die meisten Enzyme, Vitamine und Mineralien befinden sich unmittelbar unter der Schale von Obst und Gemüse. Aus diesem Grund sollte auf schälen verzichtet werden. Obst und Gemüse müssen jedoch gründlich mit warmem Wasser gewaschen werden. Einige Ernährungsspezialisten empfehlen, Obst und Gemüse aus nicht biologischem Anbau mit etwas Spülmittel und warmem Wasser abzuwaschen und anschließend gründlich mit kaltem Wasser abzuspülen.

Die Zutaten für den Entsafter vorbereiten

Vor dem Entsaften müssen die Zutaten angemessen zerkleinert werden. Weiches Gemüse sollte in Stücke gerissen werden. Bei dieser Methode bleibt mehr Nährwert erhalten. Die Zutaten sollten erst kurz vor der Verwendung vorbereitet werden, auf diese Weise geht weniger Nährwert durch Oxidation verloren. Oft herrscht Unsicherheit darüber, ob Kerne, Steine, Schalen und äußere Blätter vor dem Entsaften entfernt werden sollten. Die Antwort lautet: Bei Zutaten aus nicht biologischem Anbau sollten Stiele, Schalen und Wurzeln nicht verwendet werden, stammen die Produkte jedoch aus biologischem Anbau, kann alles entsaftet werden. Schalen von Ananas, Mangos, Papayas, Orangen, Zitronen und Bananen müssen ebenso entfernt werden wie Steine von Aprikosen, Pfirsichen, Mangos und Zwetschgen. Melonenkerne, besonders die Kerne von Wassermelonen enthalten viel Saft und sollten deshalb auf jeden Fall mit verarbeitet werden. Für Traubensaft eignen sich grüne Trauben mit einem gelblichen Schimmer oder satt dunkle Trauben am besten. Entfernen Sie die weiße Haut in den Zitronen nicht.

Die Zutaten einkaufen

Sicherlich ist es verlockend, Obst und Gemüse im Billigmarkt einzukaufen. Viele glauben auch, dass die Produkte sowieso im Entsafter zerquetscht werden und ein makelloses Äußeres deshalb unwichtig ist. Machen Sie dennoch beim Einkauf einen weiten Bogen um älteres Obst und Gemüse. Es gilt die Regel: Je frischer die Zutaten, desto höher die Qualität Ihres Saftes, und je natürlicher die Farbe, desto frischer das Produkt. Bedenken Sie, für das Entsaften spricht unter anderem, dass ausschließlich Sie selbst bestimmen, welche Zutaten Ihr Saft enthalten soll. Bei gekauften Säften haben Sie kein Mitspracherecht.

Tief gefrorenes Obst und Gemüse

Viele Supermärkte verkaufen gefrorene Erdbeeren, Heidelbeeren und Himbeeren. So können wir diese Köstlichkeiten das ganze Jahr über genießen. Ist Tiefkühlkost wirklich eine gute Sache? Ja, sagen Ernährungsspezialisten, wenn das Obst sofort nach der Ernte eingefroren wird. Nichts geht über frische Produkte. Haben Sie jedoch außerhalb der Saison große Lust auf einen Saft aus Erdbeeren, Bananen und Heidelbeeren, greifen Sie ruhig in Ihre

Tiefkühltruhe. Auch dieser Saft wird Ihnen die täglich notwendigen Nährstoffe und Vitamine geben.

Entscheidung für ökologischen Anbau

Eine kürzlich geführte Diskussion über allgemeine Fragen zum Thema Gesundheit hat ergeben, dass infolge der Schädlingsbekämpfung Obst und Gemüse mit Pestiziden belastet ist. Anhänger der Ökorichtung betonen immer wieder, dass Produkte aus biologischem Anbau besser schmecken und saftiger sind. Untersuchungen haben auch gezeigt, dass

ERGÄNZUNGEN

Sind Ergänzungen in Form von Extrakten und Pulvern wirklich notwendig, wenn man doch schon durch den Saft alleine die täglich notwendige Menge von Nährstoffen erhält? Nun, Spirulina, Weizengras und Aloe Vera enthalten Vitamine und Mineralstoffe in hochkonzentrierter Form. Sie verbessern die Gesundheit zusätzlich und sind besonders wirkungsvoll während einer Rekonvaleszenz.

Spirulina gehört zur Familie der blaugrünen Algen und ist eine Art Chlorophyll. Es enthält besonders viel Phosphor, Kalium, Natrium, Vitamin B3 und Beta-Karotin. Spirulina ist als weißes oder blaugrünes Pulver erhältlich. Anhänger dieser Alge schwärmen davon, wie sie ihre Energie steigert. Eine besonders wichtige Rolle spielt Spirulina bei der Regenerierung und der Erneuerung von Zellen und somit auch bei der Verhinderung von vorzeitigem Altern. Man könnte nicht behaupten, dass die Alge besonders gut schmeckt, deshalb ist es günstig sie sozusagen in Saft zu verstecken. Der einzige Nachteil dabei ist, daß Ihr prächtiges Getränk eine schmutzig grüne Farbe annimmt.

Auch **Weizengras** ist nicht jedermanns Geschmack und deshalb am besten in Saft zu genießen. Die Pflanze wird aus Weizenbeeren gezogen und ist reich an Chlorophyll. Der Saft stärkt Energie und Immunsystem in idealer Weise.

Aloe Vera stärkt das Immunsystem, hat Viren bekämpfende und antiseptische Eigenschaften und ist besonders geeignet zur Behandlung von Gelenkbeschwerden und von Reizdarm. Aloe Vera ist ausgesprochen bitter und wird deshalb am besten in Saft eingenommen.

Obst und Gemüse aus biologischem Anbau mehr Zink, Vitamin C und Karotin enthalten. Eine verbesserte Versorgung des Körpers mit Nährstoffen – dies ist der große Vorteil, wenn Sie sich für biologischen Anbau entscheiden.

Verstärken und abmildern

Sie können die Wirkung Ihres Saftes verstärken, indem Sie Nüsse, Kerne oder Extrakte zufügen. Kürbiskerne z. B. enthalten ein hohes Maß an Folsäure und essentiellen Fettsäuren; beide sind von großer Wichtigkeit für gesunde Haut und kräftige Nägel.

Obstsäfte haben häufig einen hohen Zuckergehalt. Ernährungsexperten empfehlen deshalb eine Verdünnung mit Mineralwasser, wenn sie diese Säfte täglich trinken. Zitrussäfte schmecken herb und sauer, dieser Geschmack kann durch das Hinzufügen von Bananen abgemildert werden.

So bewahren Sie Ihren Saft auf

Bei längerer Lagerung verringert sich der Nährwert von Obst- und Gemüsesäften. Viele Vitamine oxidieren an der Luft. Den optimalen Ernährungseffekt erzielen Sie, wenn Sie den Saft unmittelbar nach der Zubereitung trinken. Mit Ausnahme von Bananen und Avocados lassen sich Obst und Gemüse gut im Kühlschrank oder in der Speisekammer aufbewahren. Erzeugnisse aus biologischem Anbau verderben schneller – ein Beweis dafür, dass sie wirklich frisch sind.

Den besten Saft mit den richtigen Zutaten

Apfel
Reich an: Beta-Karotin, Folsäure, Vitamin C, Kalzium, Magnesium, Phosphor, Kalium und Pektin, sowie an Kupfer, Zink und den Vitaminen B1, B2, B3, B6 und E. **Gesundheitsfördernde Wirkung:** Der köstliche und süße Saft ist eine ideale Grundlage zur Stärkung des gesamten Körpers. Idealer Lieferant von Antioxidantien, gut für eine Reinigung des Körpers, insbesondere was das Verdauungssystem anbelangt. Stärkt das Immunsystem.

Aprikose
Reich an: Beta-Karotin, Vitamin C, Papain, Kalzium, Magnesium, Phosphor, Kalium, Flavonoiden, sowie an Vitaminen der B Gruppe, Eisen und Zink. **Gesundheitsfördernde Wirkung:** Hervorragender Lieferant von Antioxidantien, Reinigung und Stärkung des Immunsystems. Aprikosen ergeben nicht viel Saft. Sie müssen deshalb mit einem anderen Saft gemischt oder mit Wasser oder Zitronensaft verdünnt werden.

Artischocke (Herzen)
Reich an: Magnesium, Phosphor, Kalium, Natrium, Folsäure, Beta-Karotin, Vitamin B3, Vitamin C und Vitamin K. **Gesundheitsfördernde Wirkung:** Hochwirksame Reinigung der Leber, Entwässerung. Senkung des Cholesterins.

Avocado
Reich an: Vitamin E, Kalium, einfach ungesättigtem Fett, Vitamin B. **Gesundheitsfördernde Wirkung:** Manchmal wird die Avocado als „komplette Mahlzeit" bezeichnet. Sie ist gut für die Haut und unterstützt Wundheilung. Außerdem ist sie ausgesprochen sättigend. Avocados enthalten viel Vitamin E und werden deshalb Patienten mit Herz-Kreislauf-Problemen empfohlen. Zusätzlich stärkt Vitamin E das Immunsystem.

Banane
Reich an: Beta-Karotin, Vitamin C, Folsäure, Magnesium, Kalzium, Phosphor, Kalium, sowie Eisen, Vitamine der B Gruppe, und Zink. **Gesundheitsfördernde Wirkung:** Bananensaft lässt sich sehr gut mit Beeren und anderen Zutaten mischen. Ideal als Energiespender und für die schnelle Malzeit zwischendurch.

Rote Beete
Reich an: Folat, Folsäure, lösliche Ballaststoffe. **Gesundheitsfördernde Wirkung:** Saft aus Rote Beete enthält wenig Kalorien. Er ist besonders für Schwangere geeignet, da er ein hohes Maß an Folat enthält. Diese Substanz kann das Risiko von Spaltwirbeln (spina bifida) bei Ungeborenen verhindern.

Brombeere
Reich an: Beta-Karotin, Vitamin C und E, Kalzium, Magnesium, Phosphor, Kalium und Natrium. **Gesundheitsfördernde Wirkung:** Stark antioxidantische Wirkung. Brombeeren eignen sich hervorragend zum Mischen mit anderen Obstsorten. Stärkung des Immunsystems und Schutz vor vorzeitiger Alterung.

Schwarze Johannisbeere
Reich an: Beta-Karotin, Vitamin C und E, Kalzium, Magnesium, Phosphor, Kalium sowie Vitamine der B Gruppe, Kupfer und Eisen. **Gesundheitsfördernde Wirkung:** Schwarze Johannisbeeren entwickeln einen besonders aromatischen Geschmack, wenn sie mit Apfelsaft gemischt werden. Stark antioxidantische Wirkung, Hilfreich bei entzündlichen Prozessen und wichtig für ein leistungsfähiges Immunsystem.

Brokkoli
Reich an: Beta-Karotin, Folat, Vitamin C, Kalium, Eisen. **Gesundheitsfördernde Wirkung:** Enthält in großer Anzahl pflanzliche Nährstoffe, die Krebs bekämpfen.

Rosenkohl
Reich an: Kalium, Beta-Karotin, Folat und Vitamin C. **Gesundheitsfördernde Wirkung:** Bester Lieferant für Folat, das zur Produktion von weißen Blutkörperchen benötigt wird.

Kohl
Reich an: Vitamin C, Folat, Beta-Karotin und Ballaststoffen. **Gesundheitsfördernde Wirkung:** Vorbeugung und Heilung von Brustkrebs, Magengeschwüren, Dickdarmentzündung und Erkrankungen des Herzens.

Karotte
Reich an: Beta-Karotin und Alpha-Karotin. **Gesundheitsfördernde Wirkung:** Karotten eignen sich gut zum Mischen mit anderen Säften. Geben dem Körper einen Energieschub. Regulierende Wirkung auf den Magen und das Verdauungssystem. Karotten wirken entwässernd und lindern Sodbrennen. Untersuchungen haben gezeigt, dass sie möglicherweise vor Krebserkrankungen des Mundes und des Enddarms schützen.

Sellerie
Reich an: Pflanzlichen Nährstoffen und Apiin (ätherisches Öl). **Gesundheitsfördernde Wirkung:** Reinigt das Verdauungssystem in hervorragender Weise von Harnsäure. Hilfreich bei Gicht und bei Infektionen der Harnwege. Kann das Abklingen von Entzündungen bei Arthritis unterstützen.

Kirsche
Reich an: Beta-Karotin, Vitamin C, Folsäure, Kalzium, Magnesium, Phosphor, Kalium und Flavonoiden. **Gesundheitsfördernde Wirkung:** Da Kirschen nicht viel Saft ergeben, muss der Saft verdünnt werden. Kirschen stärken das Immunsystem, da sie stark wirksame Antioxidantien enthalten.

Schnittlauch
Reich an: Pflanzlichen Stoffen. **Gesundheitsfördernde Wirkung:** Appetitanregend.

Zimt
Reich an: Die Menge an Gewürzen, die wir zu uns nehmen, ist zu gering, als dass unser Körper Nährstoffe daraus aufnehmen könnte. **Gesundheitsfördernde Wirkung:** Lindert Beschwerden bei Erkältungen, Magenkrämpfen, Arthritis und schlechter Durchblutung. Hilfreich bei Verdauungsstörungen und Durchfall.

Koreander (gemahlen)
Reich an: Die Menge an Gewürzen, die wir zu uns nehmen, ist zu gering, als dass unser Körper Nährstoffe daraus aufnehmen könnte. **Gesundheitsfördernde Wirkung:** Kann Entzündungen positiv beeinflussen, lindert Beschwerden während der Wechseljahre.

Preiselbeere
Reich an: Vitamin C, Kalium, Karotin, Ballaststoffen. **Gesundheitsfördernde Wirkung:** Preiselbeeren eignen sich hervorragend zur Behandlung von Entzündungen der Harnwege (z. B. Blasenentzündung), da sie verhindern, dass sich E-Kolibakterien in die Harnwege einnisten können.

Gurke
Reich an: Kalium, Beta-Karotin, Silicium, Schwefel, Natrium und Phosphor. **Gesundheitsfördernde Wirkung:** An erster Stelle muss die entwässernde Wirkung der Gurke genannt werden. Außerdem fördert sie den Haarwuchs, scheidet übermäßige Harnsäure aus und ist ein guter Nährstoff für die Haut.

Löwenzahn
Reich an: Eisen und Kupfer. **Gesundheitsfördernde Wirkung:** Wirkungsvoll bei Menschen, die an Wasserablagerungen im Körper leiden. Reguliert den Blutdruck.

Endivien
Reich an: Kalium, Beta-Karotin und Folat. **Gesundheitsfördernde Wirkung:** Hält den Dickdarm gesund, baut Stress ab, hilft bei Blutarmut und verhindert Osteoporose.

Fenchel
Reich an: Vitamin C. **Gesundheitsfördernde Wirkung:** Wirkt entwässernd, geeignet für Entgiftung des Körpers.

Knoblauch
Reich an: Kalium, Kalzium, Magnesium. **Gesundheitsfördernde Wirkung:** Bekämpft Viren, unterstützt den Körper bei der Abwehr von Erkältungen und Infektionen.

Ingwer
Reich an: Zink und Selen. **Gesundheitsfördernde Wirkung:** Lindert Husten und Erkältungsbeschwerden.

Traube
Reich an: Glukose, Fruktose, Kalium, Vitamin C und Karotin. **Gesundheitsfördernde Wirkung:** Trauben bekämpfen Karzinogene, mildern die Beschwerden einer Arthritis, senken den Blutdruck und regulieren die Tätigkeit der Blase. Trauben enthalten den pflanzlichen Nährstoff Ellagsäure, der möglicherweise die Anzahl der Krebs verursachenden Stoffe im Körper verringert.

Pampelmuse
Reich an: Vitamin C, Kalium, Kalzium, Karotine und Folat. **Gesundheitsfördernde Wirkung:** Schutz der Augen vor grauem Star, verdauungsfördernd, ein ausgezeichnetes Mittel gegen „Kater". Pampelmuse wird auch als Vorsorge gegen Darm- und Magenkrebs empfohlen.

Meerrettich
Reich an: Kalium, Kalzium, Folat und Vitamin C. **Gesundheitsfördernde Wirkung:** Hervorragend zur Entwässerung und gute Regulierung der Verdauung. Linderung bei Reizungen der Atemwege.

Jerusalem Artischocke
Reich an: Kalium, Niacin, Inutasen und Inulin. **Gesundheitsfördernde Wirkung:** Das Enzym Inutase verwandelt Inulin in Levulose (fruktosen Fruchtzucker). Deshalb bedeutet dieses Gemüse für Diabetiker Genuss ohne Reue.

Grünkohl
Reich an: Beta-Karotin, Folat, Kalzium, Kalium. **Gesundheitsfördernde Wirkung:** Die starke Konzentration von Beta-Karotin hält unsere Augen kräftig und gesund. Stärkung des Immunsystems.

Zitrone
Reich an: Vitamin C, Kalium, Kalzium und Fruktose. **Gesundheitsfördernde Wirkung:** Gutes Entwässerungsmittel mit natürlichen antibiotischen Eigenschaften. Hilfreich bei der Behandlung von Erkältung, Grippe und Husten.

Salat
Reich an: Beta-Karotin, Folat, Kalium. **Gesundheitsfördernde Wirkung:** Möglicherweise wirkt Salat der Entstehung von Krebs entgegen. Während einer Schwangerschaft zu empfehlen, da er der Bildung von Spaltwirbeln entgegen wirkt. Auch für die Gesundheit des Dickdarms empfehlenswert.

Limonen
Reich an: Vitamin C, Kalium, Karotinen und Kalzium. **Gesundheitsfördernde Wirkung:** Hilfreich bei der Behandlung von Parasiten. Reinigt und verbessert Kreislauf und Nervensystem.

Natürlicher Joghurt mit Lebendkulturen
Reich an: Kalzium und Vitamin D. **Gesundheitsfördernde Wirkung:** Allgemeine Verbesserung der Gesundheit durch die heilsame Wirkung der Kulturen.

Mango
Reich an: Vitamin C, Karotinen, Ballaststoffen und Vitaminen der B Gruppe. **Gesundheitsfördernde Wirkung:** Reguliert den Blutdruck, hilft gegen Blutarmut, stärkt das Immunsystem im Kampf gegen Infektionen.

Melone
Reich an: Kalzium, Magnesium, Kalium, Phosphor, Vitamin C und Beta-Karotin. **Gesundheitsfördernde Wirkung:** Reinigt den Körper und führt ihm Flüssigkeit zu.

Minze
Reich an: Kalzium, Eisen, Magnesium und Folat. **Gesundheitsfördernde Wirkung:** Erfrischt den Atem, unterstützt die Verdauung, verjüngende Wirkung.

Zwiebel
Reich an: Antioxidantien, Kalium, Kalzium. **Gesundheitsfördernde Wirkung:** Stärkung des Kreislaufs, Hilfe bei Erkältungen.

Orange
Reich an: Vitamin C, Kalium, Karotin und Lutein. **Gesundheitsfördernde Wirkung:** Der ideale Weg, den Tagesbedarf an Vitamin C zu decken. Gut bei Erkältungen, senkt den Cholererinspiegel und besitzt Krebs bekämpfende Eigenschaften.

Papaya
Reich an: Vitamin C, Antioxidantien und Kalium. **Gesundheitsfördernde Wirkung:** Das in der Papaya enthaltene Enzym Papain wird für den Abbau von Eiweiß benötigt. Schützt den Körper vor Krebs und ist das

ideale Obst für Raucher, da das verbrauchte Vitamin C schnell wieder ersetzt wird.

Petersilie

Reich an: Vitamin C. **Gesundheitsfördernde Wirkung:** Gibt frischen Atem. Erhält die Kollagenstruktur der Haut.

Pastinak

Reich an: Niacin, Vitamine der B Gruppe, Folat und Vitamin C. **Gesundheitsfördernde Wirkung:** Wirksames Entwässerungsmittel, gute Reinigung von Leber und Gallenblase.

Pfirsich

Reich an: Antioxidantisch wirksamen Karotinen, Flavonoiden und Vitamin C. **Gesundheitsfördernde Wirkung:** Ein ideales Mittel gegen Reizungen des Magens und hartnäckigen Husten. Senkt hohen Blutdruck und schützt vor Krebs und Herzerkrankungen.

Birne

Reich an: Kalium, Beta-Karotin und Vitamin C. **Gesundheitsfördernde Wirkung:** Birnen bewirken einen langsamen aber ständigen Anstieg des Blutzuckerspiegels. Aus diesem Grund sind sie für Diabetiker genau so geeignet wie für alle, die auf ihr Gewicht achten. Auch sehr zu empfehlen für abstillende Mütter, da sie so gut wie nie Allergien erzeugen.

Ananas

Reich an: Antioxidantisch wirksamem Vitamin C, Bromelain, Kalium und Beta-Karotin. **Gesundheitsfördernde Wirkung:** Das in der Ananas enthaltene Enzym Bromelain hat sich bei der Auflösung von Blutgerinnseln, die zu einer Thrombose führen können, als wirksam erwiesen. Außerdem Unterstützung der Verdauung.

Kartoffel

Reich an: Kalium, Ballaststoffe, Folat, Vitamin C, Karotinen und Kalzium. **Gesundheitsfördernde Wirkung:** Hilfreich bei der Behandlung von Lungenkrebs. Verhindert die Bildung von Blutgerinnseln. Verringert das Risiko einer Herzerkrankung.

Zwetschge

Reich an: Ballaststoffen, Kalium, Eisen, Kalzium und Beta-Karotin. **Gesundheitsfördernde Wirkung:** Sehr geeignet bei Entgiftung und zur Behandlung von Verstopfung. Zwetschgensaft sollte am besten morgens getrunken werden und Zimmertemperatur haben. Auch für Vegetarier sind Zwetschgen das ideale Obst, da sie sehr viel Eisen enthalten.

Radieschen

Reich an: Kalzium, Kalium, Folat. **Gesundheitsfördernde Wirkung:** Hilfe bei starker Verschleimung, Verhinderung von Blutgerinnseln, Verringerung des Risikos von Lungen- und Magenkrebs.

Himbeere

Reich an: Pflanzlichem Nährstoff Ellagsäure, Magnesium, Kalium und Vitamin C. **Gesundheitsfördernde Wirkung:** Die Beeren regulieren den Menstruationzyklus, bekämpfen Viruserkrankungen und sind ideal für eine Gewichtsabnahme.

Soja

Reich an: Kalzium und Eiweiß. **Gesundheitsfördernde Wirkung:** Als Alternative zu Milchprodukten ist Soja geeignet für Veganer und für alle, die an Milchunverträglichkeit leiden. Zur Verhinderung einer Osteoporose ist jedoch die zusätzliche Einnahme von Kalzium notwendig.

Spinat

Reich an: Eisen, Folat, Beta-Karotin, Kalzium. **Gesundheitsfördernde Wirkung:** Ein für Frauen, besonders für Vegetarierinnen, empfehlenswertes Gemüse, das sich als ausgesprochen wirksamer Schutz vor Osteoporose erwiesen hat. Auch hilfreich bei der Entgiftung des Körpers.

Erdbeere

Reich an: Vitamin C, Kalium, Kalzium, Magnesium, Phosphor. **Gesundheitsfördernde Wirkung:** Ein hocharomatischer Saft mit stark antioxidantischer Wirkung, der dem Körper Energie verleiht.

Süßkartoffel

Reich an: Vitamin C, Vitamin E und Beta-Karotin.

Gesundheitsfördernde Wirkung: Die ideale Vorbeugung gegen Krebserkrankungen.

Tomate

Reich an: Vitamin C, Ballaststoffen. Lycopene, Beta-Karotin, Kalium, Folat. **Gesundheitsfördernde Wirkung:** Tomaten enthalten das Antioxidant Lycopene. Ihr Saft verringert deshalb wesentlich das Risiko von Krebs oder Herzerkrankungen. Lycopene schützen auch Gelenke, Muskeln und Gehirnzellen.

Steckrübe

Reich an: Eisen, Beta-Karotin, Vitamin B und Vitamin C. **Gesundheitsfördernde Wirkung:** Gut für alle, die auf ihr Gewicht achten, denn Steckrüben enthalten viel Kohlenhydrate, aber nur wenig Fett.

Brunnenkresse

Reich an: Eisen Vitamin C und Beta-Karotin. **Gesundheitsfördernde Wirkung:** Wirksam bei der Behandlung von Lungenkrebs. Hilft bei Muskelkrämpfen und bei Nachtblindheit.

Wassermelone

Reich an: Beta-Karotin, Folsäure, Vitamin B5, Vitamin C, Kalzium, Magnesium, Phosphor und Kalium. **Gesundheitsfördernde Wirkung:** Sehr ergiebig bei der Entsaftung.

Melonen sind stark wirksame Antioxidantien. Sie haben entgiftende und entwässernde Wirkung.

Yams

Reich an: Kalium, Folat und Ballaststoffen. **Gesundheitsfördernde Wirkung:** Die aus Mexiko stammende wilde Yam ist ein natürliches Verhütungsmittel. Yams entspannen die Muskulatur sind deshalb wirksam bei Beschwerden vor der Monatsregel. Außerdem wirken sie beruhigend auf den Magen.

Planung von Mahlzeiten

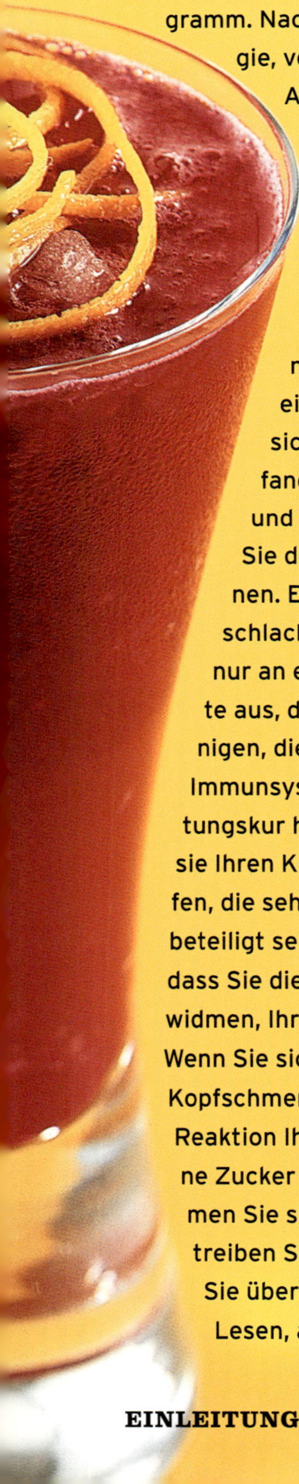

Entgiftung

Nach jahrelanger Ernährung, geprägt durch unregelmäßige Mahlzeiten, einen hohen Anteil an Fertig- oder Halbfertiggerichten und Schadstoffe, reagiert der Körper schnell auf ein Entgiftungsprogramm. Nach der Kur fühlen sie sich voll Energie, verjüngt und rundherum wohl. Am Anfang der Entschlackung und Entgiftung verlieren Sie überschüssige Flüssigkeit und dies ist der ideale Start für neue Essgewohnheiten. Diäten helfen wenig. Es gibt nur eine Möglichkeit, auf gesunde und vernünftige Weise abzunehmen, und am Anfang sollte immer eine Entgiftung stehen. Nehmen Sie sich kein langes Programm vor. Sie fangen es mit den besten Vorsätzen an und brechen es am dritten Tag ab, weil Sie den Hunger nicht mehr ertragen können. Entscheiden Sie sich für eine Entschlackungskur am Wochenende oder auch nur an einem Tag und wählen Sie dafür Säfte aus, die den Entgiftungsprozess beschleunigen, die Verdauung unterstützen und das Immunsystem stärken. Eine eintägige Entgiftungskur hat zwei Vorteile. Zum einen reinigt sie Ihren Körper von abgelagerten Schadstoffen, die sehr wohl an bestimmten Krankheiten beteiligt sein können. Der zweite Gedanke ist, dass Sie diesen Tag ausschließlich sich selbst widmen, Ihrer Entspannung und Verjüngung. Wenn Sie sich ein wenig müde fühlen und leichte Kopfschmerzen haben, ist dies eine natürliche Reaktion Ihres Körpers, der an diesem Tag ohne Zucker und Koffein auskommen muss. Nehmen Sie sich nach Möglichkeit nichts vor und treiben Sie keinen anstrengenden Sport. Tun Sie überhaupt nur das, was Sie gerne tun. Lesen, ausruhen, auf dem Sofa liegen. Während einer eintägigen Kur gibt es keine festen Regeln. Wichtig ist nur, dass Sie selbst für einen Tag im Mittelpunkt Ihres Lebens stehen.

Antworten auf Ihre Fragen:

Wann ist es Zeit für eine Entgiftungskur?

Wenn Sie zu viel gegessen und getrunken haben und sich schlapp, lustlos und aufgebläht fühlen.

Wie lange sollte die Kur dauern?

Auf keinen Fall länger als eine Woche. Sie können den Entgiftungsprozess jedoch nach jeweils einigen Monaten wiederholen. Die eintägige Kur kann jede Woche einmal durchgeführt werden, wenn Sie dies möchten.

Nehme ich nach der Kur wieder zu?

Wenn Sie ungesunde Nahrungsmittel vermeiden, wie z. B. behandelte Kohlenhydrate, Zucker und Alkohol, werden Sie sich leichter und weniger aufgebläht fühlen (in der ersten Woche des Entgiftungsprogramms verliert man durchschnittlich 1–1,5 kg). Nun ist es nur noch notwendig, die schädlichen Anteile der Ernährung niedrig zu halten oder gänzlich zu meiden und sie durch gesunde Alternativen zu ersetzen.

Entgiftung empfiehlt sich nicht, wenn Sie:

- an Untergewicht leiden
- schwanger sind oder stillen
- blutarm sind
- an Diabetes Typ 1 erkrankt sind
- wegen einer Krankheit in medikamentöser Behandlung sind
- an Nierenversagen leiden
- eine schwere Lebererkrankung haben

Vier Gründe für eine Entgiftung:

- Ihre Haut wird klarer.
- Ihre Verdauung wird regelmäßiger.
- Leber und Nieren arbeiten besser.
- Die Kur wirkt Stress abbauend, sie gleicht Hormonschwankungen aus und bekämpft entzündliche Störungen.

EINTÄGIGE ENTGIFTUNGSKUR

8:00 Uhr
Trinken Sie ein Glas warmes Wasser mit etwas Zitronensaft. Dies ist eine sanfte Art, den Tag zu beginnen und gleichzeitig eine wirkungsvolle Spülung der Nieren.

8:30 Uhr
Je nachdem wie Sie sich fühlen trinken Sie nun einen Saft aus Zitrusfrüchten, Äpfeln, Ananas oder Melonen (siehe **Rote Lagune**, Seite 118 oder **Moody Blues** Seite 36). Sollten Sie zum ersten Mal eine Saftkur machen, greifen Sie auf ein einfaches Rezept zurück, z. B. Saft aus Karotten und Äpfeln. Der Saft macht Sie munter und leitet den Reinigungsprozess ein.

9:00 Uhr
Jetzt ist es Zeit, etwas für den Kreislauf zu tun. Ideal ist trocken bürsten. Es regt den Kreislauf und die Lymphtätigkeit an und entfernt abgestorbene Schüppchen, die der Haut ein mattes Aussehen verleihen. Verwenden Sie eine Bürste mit Naturborsten, beginnen Sie an den Füßen und bürsten Sie mit fließenden Bewegungen sanft nach oben. Danach tut eine warme Dusche gut. Genießen Sie das Wasser auf der jetzt gut durchbluteten Haut. (Wenn Sie mutig sind, beenden Sie die Dusche mit einem kalten Guss!) Trocknen Sie sich dann gründlich ab und verwöhnen Sie Ihre Haut mit einer Feuchtigkeitslotion.

9:30 Uhr
Trinken Sie ein Glas Wasser oder eine Tasse Kräutertee (z. B. Pfefferminztee). So wird der Entgiftungsprozess unterstützt.

10:00 Uhr
Bei schönem Wetter ist jetzt die richtige Zeit für einen Spaziergang. Wenn Sie sich bewegen, werden Sie die Nebenwirkungen der Kur, nämlich Müdigkeit oder Kopfschmerzen weniger merken. Außerdem fördert die Bewegung die Ausschwemmung der Giftstoffe. Haben Sie keine Lust auf einen Spaziergang? Besuchen Sie einen Yogakurs! Oder falls Sie Yoga oder Tai Chi bereits beherrschen, widmen Sie diesen Entspannungsübungen ein wenig Zeit.

11.30 Uhr
Nach den Übungen ist es Zeit für ein weiteres Glas Wasser oder Kräutertee.

12:30 Uhr
Zeit für das Mittagessen. Jetzt brauchen Sie einen sättigenden Saft. Dadurch wird das Hungergefühl gemindert und Sie widerstehen der Versuchung, nach einem Snack zu greifen. Versuchen Sie eine Kombination aus Wurzelgemüse und grünem Gemüse z. B. Gurke, Spinat und Rote Beete (siehe **Froschkönig**, Seite 122 oder **Die glorreichen Sieben**, Seite 115).

13:00 Uhr
Jetzt noch ein Glas Wasser oder eine Tasse Kräutertee. Empfehlenswert sind Ingwer, da er magenfreundlich ist, oder der gut entgiftende Zitronentee.

13:30 Uhr
Ein Entgiftungsprogramm kann ziemlich ermüdend sein. Der Körper kämpft gegen Schadstoffe, die sich im Laufe der Jahre angesammelt haben. Halten Sie einen Mittagsschlaf oder legen Sie sich hin und lesen ein Buch oder hören entspannende Musik. Auch Stretch- oder Atemübungen können sich positiv auf Ihr Befinden auswirken. Wahrscheinlich werden Sie während dieser Zeit sowieso einschlafen.

14:30 Uhr
Es ist wieder Zeit für ein Glas Wasser oder Kräutertee.

15:30 Uhr
Vielleicht ist Ihr Blutzuckerspiegel nun ein wenig abgesunken. Deshalb sollte der nun folgende Saft reichlich Obst wie Heidelbeeren, Erdbeeren, Preiselbeeren, Orangen und Mango enthalten (siehe **Buddy Molly**, Seite 130 oder **Beerenstark**, Seite 112). Da Sie den ganzen Tag nichts gegessen haben, empfinden Sie den Saft unter Umständen als unangenehm sauer, aber er bewirkt einen starken Energieschub.

17:00 Uhr
Jeder sollte täglich mindestens acht Gläser Wasser trinken. Jetzt ist es Zeit für eines von ihnen.

19:30 Uhr
Heute Abend werden Sie sicherlich problemlos einschlafen. Dennoch sollten Sie darauf achten, dass Ihr Abendsaft entspannende und schlaffördernde Zutaten enthält. Versuchen Sie es mit Bananen, Salat oder Äpfeln (siehe **Glücksritter**, Seite 65 oder **Morpheus**, Seite 62).

21:30 Uhr
Jetzt noch ein Glas Wasser und die letzte Tasse Kräutertee. Kamillentee hat beruhigende Wirkung und hilft, sich auf den Schlaf vorzubereiten. Nun folgt ein Entspannungsbad mit ein wenig Lavendel-, YlangYlang-, Rosen- oder Sandelholzöl. Achten Sie darauf, dass das Badewasser nicht zu heiß ist. Wenn möglich dämpfen Sie das Licht und sorgen Sie für sanfte Musik.

22:00 Uhr
Bettzeit und Ende des Entgiftungstags! Vergessen Sie nicht, dass Ihr Magen am nächsten Morgen relativ leer ist. Ein schweres, üppiges Frühstück wäre ungünstig. Besser ist es, den Tag mit frischem Obst und Joghurt oder mit einem Vollkorntoast mit Honig zu beginnen. Zum Mittagessen empfiehlt sich ein leichter Salat und abends vielleicht gedämpftes Gemüse und Reis, ergänzt natürlich durch einige frische, nahrhafte Säfte.

EMPFOHLENER TAGESBEDARF (ÜBERBLICK)

VITAMIN	WIRKUNG	ENTHALTEN IN:
Vitamin A (Retinol)	Stärkt die Gesundheit der Augen, Antioxidant, der das Immunsystem stärkt	Leber, Milchprodukten, Eiern, fetthaltigem Fisch
Beta-Karotin (Pro-Vitamin A)	Antioxidant, schützt vor Krebs. Der Körper kann Beta-Karotin in Vitamin A umwandeln.	Grünem, orangem oder rotem Gemüse, z. B. rote Paprika, Kürbis und Spinat.
Vitamin B1 (Thiamin)	Notwendig für die Entwicklung von Energie und für ein gesundes Nervensystem.	Milch, Fleisch, Frühstücksflocken aus Vollkorn oder angereicherten Flocken, Trockenobst, Nüssen. Hülsenfrüchten, Naturreis, Erbsen und Bohnen.
Vitamin B2 (Riboflavin)	Hilft dem Körper, Nahrung in Energie umzusetzen, unterstützt Gesundheit von Augen, Haaren und Nägeln.	Milch, Leber, Nieren, Käse, angereicherten Frühstücksflocken.
Vitamin B5 (Pantothensäure)	Anti-Stress Vitamin, Stärkung des Stoffwechsels, Hilfe bei der Umwandlung von Nahrung in Energie.	Leber, Nieren, Hefe, Weizenkeime, angereicherte Frühstücksflocken, Vollkornbrot, Nüssen, Hülsenfrüchten, frischem Gemüse
Vitamin B6 (Pyridoxin)	Gleicht Hormonstörungen bei Frauen aus und unterstützt den Aufbau von Zellen.	Zahlreichen Nahrungsmitteln, darunter in Fleisch, Vollkornbrot, Naturreis Bananen und Hülsenfrüchten.
Vitamin B12 (Cobalamin)	Unterstützt die Bildung von roten Blutkörperchen und erhält das Nervensystem gesund.	Leber, Nieren, fetthaltigem Fisch, Fleich, Eiern, Milchprodukten, angereicherten Frühstücksflocken.
Folsäure	Verhinderung von Missbildungen der Wirbelsäule des Fötus während der Schwangerschaft. Unterstützt die Bildung von roten Blutkörperchen und die Freisetzung von Energie aus der Nahrung.	Grünem Blattgemüse, Leber, Hülsenfrüchten, Eier, Vollkornflocken, Orangensaft, Weizenkeimen.
Vitamin C (Askorbinsäure)	Schützt gegen einige Arten von Krebs und Herzerkrankungen. Verhilft zu gesunden Knochen, Zähnen und Gaumen.	Den meisten Obst- und Gemüsesorten, vor allem in Kiwi, Zitrusfrüchten, Paprika, schwarzen Johannisbeeren und Erdbeeren.
Vitamin D (Calciferol)	Fördert die Gesundheit des Nervensystems, stärkt die Knochen und Zähne.	Fetthaltigem Fisch, Milchprodukten, Eiern.
Vitamin E (Tocopherol)	Antioxidant, schützt die Zellen vor Schädigung durch freie Radikale und den Körper vor Herzerkrankungen und Krebs.	Pflanzenöl, mehrfach ungesättigter Margarine, Weizenkeimen, Sonnenblumenkerrnen, Haselnüssen, fetthaltigem Fisch, Vollkornflocken, Eiern, Avocado und Spinat.
Vitamin K	Unterstützt die Blutgerinnung, wenn der Körper es erfordert.	Kohl, Brokkoli, Spinat, Leber, Luzerne (Alfalfa), Tomaten und Grünkohl

TÄGL. DOSIS	WICHTIGE INFORMATION
600 mcg	Während einer Schwangerschaft sollte nicht zu viel Vitamin A aufgenommen werden (Beta-Karotin hingegen ist unbedenklich).
25 mg	Bei einer hohen Einnahme von Beta-Karotin kann sich die Haut gelblich verfärben.
0.8 mg	Vitamin B1 löst sich in kochendem Wasser schnell auf. Sie können den Verlust wieder wettmachen, indem Sie dieses Wasser für Mehlschwitzen und Saucen verwenden.
1.3 mg	Eine Überdosierung von Vitamin B2 kann dazu führen, dass die anderen Vitamine der B Gruppe im Urin ausgeschieden werden.
Kein offizieller Richtwert	Unter Erwachsenen in Deutschland gibt es keinen verzeichneten Mangel an Vitamin B5.
1.2 mg	Pille, Antibiotika und Rauchen vergrößern den Bedarf an Vitamin B6. Zusätzlich eingenommen kann dieses Vitamin Beschwerden vor dem Einsetzen der Monatsregel lindern.
1.5 mg	Vitamin B12 befindet sich ausschließlich in Nahrungsmitteln tierischen Ursprungs. Strenge Vegetarier und Veganer müssen deshalb zusätzlich Vitamin B12 einnehmen.
200 mg	Alle Frauen im gebärfähigen Alter sollten zusätzlich Folsäurepräparate einnehmen. Bei Verwendung der Pille erhöht sich dieser Bedarf noch.
40 mg	Vitamin C wird durch Lagerung und Kochen der Nahrungsmittel zerstört. Kochen Sie deshalb Gemüse so kurz wie möglich und servieren sie es sofort nach der Zubereitung. Falls Sie an Nierensteinen leiden oder eine Tendenz dazu in Ihrer Familie besteht, beraten Sie sich mit Ihrem Arzt bevor Sie ein entsprechendes Zusatzpräparat einnehmen.
10 mg	Für die Erzeugung von Vitamin D benötigt der Körper Sonnenschein. Wenn Sie also nicht in die Sonne kommen oder wenn Sie schwanger sind oder stillen, sollten Sie ein entsprechendes Zusatzpräparat einnehmen. Sollten Sie an Sarkoidose leiden, besprechen Sie sich vorher mit Ihrem Arzt.
10 mg	Die Einnahme der Pille erhöht den Bedarf an Vitamin E. Das Vitamin E in Pflanzenöl geht bei hohen Temperaturen verloren (dies gilt auch für Frittieren).
10 mg	Wenn Sie mit Antikoagulanzien behandelt werden, sollten Sie zusätzliches Vitamin K nur nach Rücksprache mit Ihrem Arzt einnehmen.

KRANKHEITEN UND STÖRUNGEN (ÜBERBLICK)

Blutarmut	Iron Maiden, Der große Blub
Arthritis	Twister, Bezaubernde Jeannie, Die glorreichen Sieben
Asthma	Root 66, Die glorreichen Sieben, Hot Stuff, Herz-As, Supernase 1, Supernase 2
Wasser/aufgeblähter Körper	Tornado, Pink Panther, Grashüpfer, Emma Peel, Izzy Bizzy
Bronchitis	Hot Stuff, Feuerkelch, Supernase
Zellulitis	Marylin, Flash Gordon, Tornado
Erkältungen und Grippe	Vitamin-Schock, Izzy Bizzy, Hot Stuff
Verstopfung	Full Speed, Die glorreichen Sieben, Lucky Luke
Senkung von Cholesterin	Perlentaucher, Full Stop
Blasenentzündung	Pink Panther, Beerenstark
Entgiftung	Rote Lagune, Pink Panther, Wunder-Bar, Rote Rakete, Froschkönig, Die glorreichen Sieben, Rosenrot
Durchfall	Full Stop, Perlentaucher
Diabetes	Grüne Hexe
Diät	Emma Peel, Grashüpfer, Bezaubernde Jeannie, Pink Panther, Green Peace, Tornado, Der große Blub
Sehvermögen	Klein Adlerauge, Twister
Gut für Kinder	Kleiner Strolch, Zappelphilipp, Weißer Riese, Rote Sonne, Bauchkitzel, Baby Shake
Hämorrhoiden	Lucky Luke, Full Speed
Haare und Nägel	Struwwelpeter, Sergeant Pepper, Welcome
Kater	Hang Over, Bezaubernde Jeannie, Hot Stuff
Kopfschmerz u. Migräne	Head Banger, Grashüpfer
Herzerkrankungen	Herz-As, Root 66, Marylin
Hoher Blutdruck	Salonlöwe, Struwwelpeter
Hypoglykämie	Flash Gordon, Die glorreichen Sieben

Immunsystem	Izzy Bizzy, Feuerkelch, Fruchtbombe, Sergeant Pepper, Rote Sonne, Zaubertrank, Beerenstark, Vitamin-Schock, Hang Over
Schlaflosigkeit	Morpheus, Grashüpfer, Glücksritter
Reizdarm	Rote Rakete, Wunder-Bar
Trägheit	Power Pack, Rote Lagune
Energiemangel	Der große Blub, High Kick
Unfruchtbarkeit	Kulturschock, Grüner Traum, Cool Down, Herz-As, Welcome
Schnelle Mahlzeiten	Grüner Traum, Die glorreichen Sieben, Kulturschock, Black Power, Weißer Riese
Wechseljahre	Cool Down, Root 66
Übelkeit bei Schwangerschaft	Morgentau, Easy Rider
Reisekrankheit	Easy Rider, Morgentau
Osteoporose	Jeanne d'Arc, Root 66
Prämenstruelle Beschwerden	Moody Blues, Morpheus
Versorgung während der Schwangerschaft	Welcome, Froschkönig, Cool Down
Jahreszeitl. bedingte affektive Verstimmung	Glücksritter, Kleiner Strolch
Nasennebenhöhlen-entzündung	Supernase 1, Supernase 2, Feuerkelch, Hot Stuff
Hautkrankheiten	Rosenrot, Die glorreichen Sieben, Rote Rakete
Hautausschläge	Schneewittchen, Cool Down
Magengeschwüre	Easy Living, Rote Rakete
Stress	Grashüpfer, Salonlöwe
Gewichtszunahme	Buddy Molly, Kleiner Strolch, Grüner Traum, Kulturschock

Die Säfte

GUT GEGEN **Blasenentzündung.** Blasenentzündung, manchmal auch „-Flitterwochenkrankheit" genannt, ist eine quälende Infektion der Harnwege mit schmerzhaftem Brennen während des Wasserlassens. Zur Linderung der Beschwerden sollte so viel wie möglich getrunken werden. Besonders empfehlenswert sind Obstsäfte, die Preiselbeeren enthalten. SIEHE AUCH: **Beerenstark**

Pink Panther

Die Gurke versorgt den Verdauungstrakt mit schützenden Antioxidantien. Gurke und Melone zusammen wirken entwässernd und reinigen das Verdauungssystem.

Zutaten für 200 ml
250 g Preiselbeeren
250 g Wassermelone oder Cantaloupemelone
250 g Gurke

Alle Zutaten entsaften, auch die Melonenkerne und die Gurkenschale. In einem Saftglas servieren. Nach Wunsch mit Melonenstücken garnieren.

NÄHRWERT
Vitamin A: 8,475 IE
Vitamin C: 120 mg
Kalium: 880 mg
Eisen: 4.7 mg
Kalzium: 92.5 mg
232 kcal

GUT GEGEN

Soorkose. Candida albicans, ein im Körper weit verbreiteter Hefepilz, richtet für gewöhnlich keinerlei Schaden an. Bei geschwächtem Immunsystem kann er jedoch in den Scheidengang gelangen und dort zu Soorkose führen. Stimmungsschwankungen, Depressionen, häufiger Pilzbefall der Scheide und chronische Verdauungsprobleme sind einige der Symptome. Vermeiden Sie minderwertige Ernährung, Fett, Zucker und stark bearbeitete Nahrungsmittel. Dadurch wird das Wachstum der Hefe gebremst.

Kulturschock

Alle Zutaten dieses Saftes haben antibakterielle Eigenschaften. Sie entfalten ihre volle Wirkung, wenn Sie gleichzeitig Antibiotika einnehmen.

Zutaten für 200 ml

250 g Äpfel
100 g gefrorene Preiselbeeren
100 g lebende Joghurtkulturen
1 EL flüssiger Honig

Äpfel entsaften und im Mixer mit den übrigen Zutaten vermischen. In einem Saftglas über Eiswürfeln servieren.

NÄHRWERT:
Vitamin C: 20 mg
Kalzium: 40 mg
339 kcal

GUT GEGEN **Unfruchtbarkeit.** Sinkende Ergebnisse bei Spermienzählungen und Empfängnisstörungen beeinträchtigen die Fortpflanzungsfähigkeit. Dies ist zu einem großen Problem unserer modernen Gesellschaft geworden. Die Zeugungsfähigkeit des Mannes kann durch die Einnahme von Vitamin E, Zink und Eisen gesteigert werden. Frauen sollten auf eine optimale Versorgung mit Folsäure, Zink und Vitamin E achten. SIEHE AUCH: **Grüner Traum, Cool Down, Herz-As, Welcome**

Paradiesgärtchen

Avocado enthält sehr viel Vitamin E und Aprikosen sind eine ausgezeichnete Quelle für Zink und Eisen.

Zutaten für 200 ml
175 g Melone
(½ große Melone)
125 g Gurke
125 g Avocado
50 g getrocknete Aprikosen
1 EL Weizenkeime

Melone und Gurke entsaften und im Mixer mit Avocado, Aprikosen, Weizenkeimen und einigen Eiswürfeln vermischen. Nach Wunsch mit Aprikosenstreifen garnieren.

NÄHRWERT:
Vitamin A: 8,738 IE
Vitamin C: 110 mg
Vitamin E: 2 mg
Kalium: 1,470 mg
Eisen: 1,6 mg
Zink: 1,29 mg
357 kcal

GUT GEGEN **PMS** (Beschwerden vor der Monatsregel).Viele Frauen leiden jeden Monat an menstruationsbedingten Krämpfen, Reizbarkeit und Magenbeschwerden. Trifft dies auch auf Sie zu? Dem Übel kann abgeholfen werden. Eine ausreichende Versorgung mit Eisen ist wichtig. Sie wirkt Trägheit und Müdigkeit während der Periode entgegen. Viele Frauen leiden in dieser Zeit auch unter Wasserablagerungen im Körper und fühlen sich aufgebläht oder sie nehmen zu. Bestimmte Obst- und Gemüsesorten können diesen Störungen entgegen wirken. Häufig wird auch die Stimmung beeinflusst. Hier hilft ein beruhigender Saft, damit Sie unter Ihrer Monatsregel so wenig wie möglich leiden.

SIEHE AUCH **Morpheus**

Moody Blues

Ananas enthält Bromelain, ein Stoff, der Muskeln hervorragend entspannt, und Brombeeren sind ein vorzüglicher Lieferant von Folsäure.

Zutaten für 200 ml

375 g Brombeeren
375 g Ananas oder
1 kleine Ananas

Zuerst die Brombeeren und dann die Ananas entsaften. Dabei darauf achten, dass auch das Fruchtfleisch so gut wie möglich ausgepresst wird. Im Mixer mit einigen Eiswürfeln verquirlen und in Longdrinkgläsern servieren. Nach Wunsch mit dünnen Ananasstreifen garnieren.

NÄHRWERT:
Vitamin A: 658 IE
Vitamin C: 129,5 mg
Eisen 3,29 mg
Kalium: 1,081 mg
Kalzium 136 mg
Folsäure 340 mcg
353 kcal

GUT BEI **Beschwerden während der Wechseljahre.** Die Wechseljahre setzen ein, wenn die Eierstöcke die Produktion von Östrogen und Progesteron verringern. Für viele Frauen sind diese Jahre ausgesprochen schwierig. Reizbarkeit, Hitzewellen, Stimmungsschwankungen, Kopfschmerzen, Schweißausbrüche während der Nacht, Trockenheit der Scheide, Libidoverlust und innere Unruhe beeinträchtigen die Lebensfreude stark. SIEHE AUCH: **Root 66.**

Cool Down

Rote Beete ist reich an Folat, einem Mineralstoff, der das Herz schützt. Zusammen mit Karotten trägt sie dazu bei, den Hormonhaushalt zu regulieren. Yams liefern Progesteron. So werden durch die Wechseljahre verlorene Hormone ersetzt.

Zutaten für 200 ml
175 g Karotten
100 g Rote Beete
175 g Yams oder Süßkartoffeln
125 g Fenchel

Alle Zutaten entsaften, gut vermischen und mit Eiswürfeln in Longdrinkgläsern servieren. Nach Wunsch mit etwas Fenchelgrün garnieren.

NÄHRWERT:
Vitamin A: 49,430 IE
Vitamin C: 69,95 mg
Eisen 3,9 mg
Folsäure 254 mcg
Folat: 196 mg
296 kcal

GUT GEGEN **Wassereinlagerungen und aufgeblähten Körper-** eine lästige und schmerzhafte Störung. Nahrungsmittelallergien, Hormonstörungen und eine Ernährung, die zu wenig Fettsäuren enthält, sind häufig die Ursachen für dieses Problem. Ein weiterer Grund ist ironischerweise, dass viele Menschen nicht genug Wasser trinken. Zink bekämpft Wassereinlagerungen zuverlässig. SIEHE AUCH **Pink Panther, Grashüpfer, Emma Peel, Izzy Bizzy.**

Tornado

Die Zutaten für dieses Rezept enthalten viel Zink und Kalium. Auch nach einer stark gesalzenen Mahlzeit leistet dieser Saft gute Dienste.

Zutaten für 200 ml
125 g Stangenspargel
10 Löwenzahnblätter
125 g Melone
175 g Gurke
200 g Birne

Das untere Ende des Spargels abschneiden. Löwenzahnblätter zu Kugeln rollen und mit dem Spargel entsaften. Frisch gepflückter Löwenzahn muss vor der Verarbeitung gründlich gewaschen werden. Melone schälen und entsaften. Gurke und Birnen mit der Schale zu Saft verarbeiten. Alles im Mixer verquirlen und mit Eiswürfeln in Longdrinkgläsern servieren.

NÄHRWERT
Vitamin A: 5,018 IE
Vitamin C: 87 mg
Kalium: 1,235 mg
Zink: 1,36 mg
215 kcal

GUT BEI **Zellulitis.** Selbst bei sehr schlanken Frauen tritt die hässliche Orangenhaut auf. Nach den Ursachen suchten Ärzte und Forscher lange Zeit vergeblich. Zellulitis entsteht durch eine Störung im Bereich der Fettzellen. In Fleisch und Milchprodukten befinden sich gesättigte Fettsäuren. Bei einer Unterversorgung mit diesen Stoffen zersetzen sich die Fettzellen. Mit viel Wasser werden die Schadstoffe aus dem Körper ausgeschwemmt. Obst und Gemüse mit einem hohen Wassergehalt bekämpfen die Zellulitis zusätzlich. SIEHE AUCH **Flash Gordon, Tornado**

Marylin

Reinigt den ganzen Körper, vor allem Blut, Nieren und Lymphsystem. Das Pektin im Apfel stärkt zusätzlich das Immunsystem.

Zutaten für 150 ml
200 g Äpfel
50 g Rote Beete
90 g Sellerie

Alle Zutaten zusammen entsaften und auf Eis in einem Saftglas servieren. Nach Wunsch mit Apfelscheiben garnieren.

NÄHRWERT
Vitamin A: 480 IE
Vitamin C: 23 mg
Kalium: 763 mg
Magnesium: 37 mg
179 kcal

HAUSPUTZ FÜR DEN GANZEN KÖRPER

GUT BEI **Asthma.** Die Zahl der an Asthma erkrankten Kinder ist in den letzten Jahren dramatisch gestiegen. Schadstoffe, Allergien und Staub sind mögliche Auslöser. Säfte, kombiniert mit bestimmten Atemtechniken und der richtigen Behandlung, können die Heftigkeit der Anfälle mildern. SIEHE AUCH **Die glorreichen Sieben, Hot Stuff, Herz-As, Supernase 1, Supernase 2.**

Root 66

Das in der Petersilie enthaltene Magnesium hat eine beruhigende Wirkung. Sellerie enthält ebenfalls Magnesium. Knoblauch ist bekannt für antibakterielle, antibiotische, antiseptische und Viren bekämpfenden Eigenschaften.

Zutaten für 200 ml
175 g Karotten
175 g Pastinak
175 g Staudensellerie
175 g Süßkartoffeln
eine Hand voll Petersilie
1 Knoblauchzehe

Alle Zutaten zusammen entsaften und mit 2 Eiswürfeln im Mixer verquirlen. In einem weiten Glas servieren. Nach Wunsch mit einer Zitronenscheibe und mit einem Zweig Petersilie garnieren.

NÄHRWERT
Vitamin A: 51,192 IE
Vitamin C: 136,35 mg
Kalium: 2.882,5 mg
Magnesium: 150,5 mg
386 kcal

GUT BEI **Bronchitis.** Bronchitis entsteht durch Entzündung des Lungengewebes. Im Verlauf der Erkrankung stellt sich oft ein trockener, in der Brust sitzender Husten ein. Zusätzlich wird das Immunsystem geschwächt. SIEHE AUCH **Feuerkelch**

Hot Stuff

Tomaten und Karotten liefern große Mengen von Vitamin C. Somit erhalten sie in idealer Weise den Körper gesund. Knoblauch, Ingwer und Meerrettich sind mächtige Antioxidantien und unverzichtbar bei der Bekämpfung von Infektionen. Alle Zutaten miteinander kombiniert haben stark schleimlösende Wirkung.

Zutaten für 150 ml
300 g Tomaten
100 g Sellerie
1 Würfel Ingerwurzel (2,5 cm), grob gehackt
1 Knoblauchzehe
1 Würfel frischer Meerrettich (2,5 cm)
175 g Karotten

Alle Zutaten entsaften, mit 2 Eiswürfeln im Mixer verquirlen und in einem Saftglas servieren. Nach Wunsch mit dünnen Selleriestreifen garnieren.

NÄHRWERT
Vitamin A: 51,253 IE
Vitamin C: 87 mg
Selen: 4,47 mg
Zink: 5,52 mg
189 kcal

GUT BEI

Bronchitis. Hartnäckiger Husten und starke Verschleimung sind die ersten Symptome dieser oft chronischen Erkrankung, bei der die Betroffenen an Keuchen und Luftnot leiden. SIEHE AUCH **Hot Stuff, Supernase1, Supernase2**

Feuerkelch

Der Saft hat einen hohen Vitamin C Gehalt und ist deshalb äußerst wirksam bei Erkrankungen der Bronchien. In der Ananas enthaltene Enzyme und Chilli haben stark schleimlösende Wirkung. Zusätzlich sind Chilli reich an Karotin und Vitamin C. Man vermutet, dass sie die Fließgeschwindigkeit des Blutes erhöhen und antibakteriell wirksam sind. Die Kombination dieser Eigenschaften macht Chilli bei der Bekämpfung von Erkältung und Grippe unschlagbar.

Zutaten für 200 ml
250 g Karotten
½ kl. entkernte Chillischote oder
1 Prise Chillipulver
250 g Ananas
½ Limone
1 EL gehackte Korianderblätter

Karotten, Chilli und Ananas entsaften. Den Saft auf Eiswürfeln in einem Longdrinkglas servieren. Zuvor gehackte Korianderblätter und Limonensaft unterrühren.

NÄHRWERT
Vitamin A: 70,382 IE
Vitamin C: 72 mg
Selen: 3,95 mg
Zink: 0,73 mg
240 kcal

GUT BEI **Erkältungen und Grippe.** Wenn Sie erschöpft und abgespannt sind und sich nicht ausgewogen ernährt haben, wird Ihr Immunsystem gegenüber Erkältungen und Grippe anfälliger. Bei dem ersten Anzeichen von Symptomen kann es helfen, wenn Sie Säfte aus Papaya, Zitrone, Limone, Knoblauch oder Ingwer trinken.

Vitamin-Schock

Papaya ist ein idealer Saft für Kinder, da er schmackhafter als manche anderen süßen Säfte ist.

Zutaten für 200 ml
150 g Papaya
150 g Pampelmusen
150 g Himbeeren
½ Limone

Das Fleisch der Papaya herausschaben und mit der Pampelmuse (die weiße Innenhaut wird nicht entfernt) und den Himbeeren entsaften. Den Saft der Limone hineinpressen und vermischen.
Mit ein paar Eiswürfeln servieren und nach Belieben mit Limonenscheiben garnieren.

NÄHRWERT
Vitamin A: 810 IE
Vitamin C: 188 mg
Selen: 4,05 mg
Zink: 1,09 mg
193 kcal

GUT BEI **Erkältungen und Grippe.** Dieser Saft ist ein weiteres gutes Mittel, wenn Sie sich abgespannt und erschöpft fühlen und den ganzen Winter über mit Erkältungen und Grippe zu kämpfen haben. SIEHE AUCH **Izzy Bizzy, Hot Stuff**

Sergeant Pepper

Paprika ist ein beliebtes Mittel zur Abwehr von Infektionen und ebenfalls ein natürliches Schmerzmittel, ein so genannter Painkiller.

Zutaten für 200 ml
100 g rote Paprika
100 g gelbe Paprika
100 g orange Paprika
1 Orange
1 EL Minzeblätter

Paprika und Orange entsaften und in ein Saftglas mit Eiswürfeln füllen. Die gehackte Minze darin verrühren und nach Belieben mit Minzeblättern garnieren.

NÄHRWERT
Vitamin A: 2146 IE
Vitamin C: 333 mg
Selen: 1,52 mg
Zink: 0,44 mg
141 kcal

GUT BEI **Nasennebenhöhlenentzündungen (Sinusitus).** Nasennebenhöhlenprobleme treten auf, wenn sich die Nasenatemwege entzünden. Meiden Sie verrauchte Plätze sowie das Einatmen von Abgasen, Staub und Pollen. Milchprodukte und Weizen sind ebenfalls schleimbildend. Verzichten Sie möglichst darauf, bis sich Ihr Zustand gebessert hat. Diese beiden Säfte sollten in Kombination getrunken werden. Siehe auch **Feuerkelch, Hot Stuff**

Supernase 1

Meerrettich regt die Tätigkeit der Kapillargefäße an und löst den Schleim in den Nasenatemwegen, während das Vitamin C in dem Zitronensaft zur Senkung hoher Temperatur beiträgt.

Zutaten für 50 ml
1½ TL Meerrettichpulver
½ Zitrone

Meerrettich pulverisieren, indem eine kleine Menge versaftet und dieser Saft dann mit dem Fruchtfleisch vermischt wird. In ein Schnapsglas gießen und den Zitronensaft darin verrühren. Zweimal täglich trinken.

NÄHRWERT
Vitamin C: 55 mg
Selen: 0,4 mg
Zink: 0,18 mg
25 kcal

Supernase 2

Radieschensaft ist sehr intensiv und kann deshalb nicht pur getrunken werden. In Verbindung mit Karotten wirkt er jedoch lindernd und wohltuend auf die Membrane und reinigt den Körper von dem Schleim, der durch den Meerrettich in Saft *Supernase 1* gelöst wurde.

Zutaten für 200 ml
175 g Karotten
100 g Radieschen, ganz mit Blättern
1 Würfel frische Ingwerwurzel (2,5 cm), grob gehackt (optional)

Die Karotten und Radieschen und gegebenenfalls Ingwer entsaften. Ein paar Eiswürfel hinzugeben. Eine Stunde nach dem schleimlösenden Saft *Supernase 1* trinken

NÄHRWERT
Vitamin A: 49,233 IE
Vitamin C: 40 mg
Selen: 2,82 mg
Zink: 0,8 mg
115 kcal

GUT BEI

Stress. Zu den unangenehmen Erscheinungen des 21. Jahrhunderts gehört die Tatsache, dass viele von uns unter starkem Stress leiden. Unabhängig davon, ob Stress die Folge beruflicher Tätigkeit oder persönlicher Probleme ist, gilt er heute als eine der Hauptursachen für Krankheiten. Hoher Stress führt zur Erschöpfung der essenziellen Nährstoffe Ihres Körpers und kann Symptome wie Kopfschmerzen, Verdauungsstörungen, Reizbarkeit und Gelenkschmerzen verursachen.
Siehe auch **Salonlöwe**

Grashüpfer

In diesem Saft werden Sellerie und Fenchel miteinander kombiniert. Dies unterstützt den Körper bei der Verwertung von Magnesium und Kalzium zur Beruhigung der Nerven. In Verbindung mit der sedativen Wirkung von Salat ist dieser Saft ein idealer Stressknacker.

Zutaten für 200 ml
50 g Sellerie
50 g Fenchel
125 g römischer Salat
175 g Ananas
1 TL gehackten Estragon

Alle Zutaten entsaften und zusammen mit 2 Eiswürfeln in einen Mixer geben. In einem Longdrinkglas servieren, und nach Belieben mit Estragonstängeln garnieren.

NÄHRWERT
Vitamin A: 3437 IE
Vitamin C: 68 mg
Magnesium: 47 mg
Kalzium: 95 mg
128 kcal

GUT BEI **Lethargie.** Die meisten Menschen, die regelmäßig Saft trinken, berichten über einen nahezu sofortigen Auftrieb ihrer Kraft und Energie. Wenn Sie sich apathisch oder ständig müde fühlen, essen Sie möglichst keine bearbeiteten Lebensmittel, und verzichten Sie auf Salz und raffinierten Zucker in Ihrer Nahrung, da diese häufig Ihr gesamtes System belasten.

SIEHE AUCH **Rote Lagune**

Power Pack

Karotten, Rote Beete und Orangen sind alle reich an Vitamin A und Vitamin C, Antioxidantien und Pflanzennährstoffen wie Alpha- und Beta-Karotin. Dieser Saft hat ebenfalls einen hohen Gehalt an Kalium. Er ist ein echtes Stärkungsmittel.

Zutaten für 200 ml
250 g Karotten
125 g Rote Beete
1 Orange
125 g Erdbeeren

Die Karotten, Rote Beete und Orange entsaften. Den Saft zusammen mit einigen Eiswürfeln und den Erdbeeren in einen Mixer geben. 20 Sekunden lang verquirlen und dann in ein Longdrinkglas füllen. Mit Streifen der Orangenschale nach Belieben garnieren.

NÄHRWERT
Vitamin A: 70,652 IE
Vitamin C: 166 mg
Kalium: 1,646 mg
Magnesium: 91,5 mg
Selen: 5,1 mg
259 kcal

GUT FÜR

Energieaufbau. Dieser Saft ist ein großer Energiespender und besitzt einen hohen Nährstoffgehalt. Diese Eigenschaften wiegen seinen Geschmack bei weitem auf. SIEHE AUCH **Black Power**

Der große Blub

Spirulina ist eine der besten Quellen für Vitamin B12, das für die Arbeit und Funktionsweise aller Zellen von essenzieller Bedeutung ist. Weizengras ist reich an Chlorophyll, das Anämie entgegenwirkt. Grünkohl hat ebenso viel verwertbares Kalzium wie Milch. Bedarf es noch weiterer Worte?

Zutaten für 50 ml
25 g Grünkohl
100 g Weizengras
1 TL Spirulina

Grünkohl und Weizengras entsaften und mit dem Spirulina-Pulver verrühren. In einem kleinen Glas servieren und mit Weizengrashalmen garnieren.

NÄHRWERT
Vitamin A: 7,740 IE
Vitamin B12: 8 mg
Vitamin C: 91 mg
Chlorophyll 643 mg
Eisen: 52 mg
Kalzium 462 mg
30 kcal

GUT BEI

Schlaflosigkeit. Schlaftabletten bieten oft nur eine kurzfristige Lösung für Schlaflosigkeit und verschärfen in Wirklichkeit das Problem. Auf lange Sicht sind alternative Lösungen besser für Sie. Achten Sie darauf, was Sie vor dem Zubettgehen essen und machen Sie Entspannungsübungen zur Nacht. SIEHE AUCH **Grashüpfer, Glücksritter**

Morpheus

Ananas und Weintrauben treiben den Blutzucker in die Höhe, was das Einschlafen fördert. Salat und Sellerie entspannen die Nerven und Muskeln.

Zutaten für 200 ml
125 g Ananas (geschält)
125 g Weintrauben
50 g Salat
50 g Sellerie

Alle Zutaten entsaften und zusammen mit Eis in ein Longdrinkglas füllen. Mit Salatblättern nach Belieben garnieren.

NÄHRWERT
Vitamin C: 50 mg
Magnesium: 35,2 mg
Vitamin B6: 0,3 mg
Niacin: 1,38 mg
Tryptophan: 4 mg
167 kcal

GUT GEGEN **Jahreszeitlich bedingte Störungen des Allgemeinbefindens und Gemütszustandes.** Es gilt nunmehr als erwiesen, dass es sich bei diesen Störungen um einen medizinischen und organischen Zustand handelt, von dem jährlich jeder zehnte Deutsche betroffen ist. Zu den Symptomen gehören Depression, Schlaflosigkeit, Reizbarkeit, seelische Verstimmung, Lethargie, Appetitmangel und Gewichtszunahme während der Wintermonate. SIEHE AUCH **Kleiner Strolch**

Glücksritter

Bananen und Feigen haben einen hohen Gehalt an Tryptophan, das zur Produktion von Serotonin benötigt wird. Serotonin heitert das Gemüt auf und erzeugt ein optimistisches Lebensgefühl. Da diese Früchte auch einen hohen Naturzuckergehalt haben, können sie ein Sättigungsgefühl erzeugen, das davor schützt, übermäßig zu essen.

Zutaten für 200 ml
250 g Karotten
100 g Feigen
1 Orange
1 Würfel frische Ingwerwurzel (2,5 cm), grob gehackt
100 g Bananen

Karotten, Feigen, Orange und Ingwerwurzel entsaften. Den Saft zusammen mit den Bananen und 2 Eiswürfeln in einen Mixer füllen und 20 Sekunden verquirlen, bis ein köstlicher Smoothie entsteht.
Nach Belieben weitere Eiswürfel hinzugeben und mit Feigenscheiben garnieren.

NÄHRWERT
Vitamin A: 14, 117 IE
Vitamin C: 192 mg
Magnesium: 118 mg
Vitamin B6: 0,23 mg
Tryptophan: 89 mg
460 kcal

GUT GEGEN **Kopfschmerzen und Migräne.** Säfte sind ein ideales Mittel gegen Kopfschmerzen und Migräne, da die gesundheitsfördernden Nährwerte von Früchten und Gemüse schnell in Ihr Stoffwechselsystem aufgenommen werden.

SIEHE AUCH **Grashüpfer**

Head Banger

Salat und Fenchel sind äußerst beruhigende Inhaltsstoffe. Sie enthalten Kalzium und Magnesium, die krampflösend wirken und ein Gefühl der inneren Ruhe erzeugen, was wiederum Kopfschmerzen lindert.

Zutaten für 150 ml
175 g Salat
125 g Fenchel
½ Zitrone

Salat, Fenchel und Zitrone entsaften und auf Eis servieren. Nach Belieben mit Zitronenstücken und Salatblättern garnieren.

NÄHRWERT
Vitamin A: 4,726 IE
Vitamin C: 67 mg
Kalium: 1,070 mg
Kalzium: 124 mg
Magnesium: 32 mg
72 kcal

GUT FÜR **Senkung des Cholesteringehaltes.** Zu hohem Cholesteringehalt kommt es, wenn in der Nahrung zu viele gesättigte Fette enthalten sind, die sich an den Innenwänden der Arterien absetzen. SIEHE AUCH **Full Stop**

Perlentaucher

Pampelmuse ist besonders wegen ihres hohen Gehaltes an Vitamin C und Bioflavonoiden zu empfehlen, die den Gesundheitszustand der Arterien schützen. Heidelbeeren sind ebenfalls äußerst wirkungsvolle Antioxidantien, die zusammen mit Äpfeln vorbeugend gegenüber Arterienverhärtung wirken und den Cholesteringehalt verringern.

Zutaten für 200 ml
250 g Heidelbeeren
125 g Pampelmusen
250 g Äpfel
1 Würfel frische Ingwerwurzel (2,5 cm), grob gehackt

Alle Zutaten entsaften und in einem Longdrinkglas mit Eiswürfeln servieren. Nach Belieben mit dünnen Ingwerscheiben garnieren.

NÄHRWERT
Vitamin A: 695 IE
Vitamin C: 134 mg
Magnesium: 59 mg
Niacin: 1,91 mg
Vitamin B6: 0,39 mg
Vitamin E: 3,12 mg
380 kcal

GUT BEI

Bluthochdruck. Hoher Blutdruck kann durch Blutpfropfen und -gerinnsel sowie Arteriosklerose (Bildung von Ablagerungen in den Arterien) verursacht werden. Arteriosklerose bedeutet gewöhnlich auch, dass eine Verhärtung der Arterien vorliegt. Diese wird durch Mangel an Vitamin C verursacht, das zur Kollagenbildung benötigt wird. Kollagen ist ein Gerüsteiweiß, das Haut und Arterien elastisch und glatt erhält. SIEHE AUCH **Struwwelpeter**

Salonlöwe

Die an Vitamin C und Kalium reichen Inhaltsstoffe dieses Saftes födern die Senkung des Blutdrucks.

Zutaten für 150 ml
250 g Kiwi
125 g Gurken
1 EL Granatapfelkerne (sofern vorhanden)

Kiwi und Gurken waschen, aber nicht schälen, da beide in ihrer Schale Nährstoffe enthalten. Beide zusammen entsaften und nach Belieben mit einer Limonenscheibe servieren. Sie können auch 1 EL Granatapfelkerne hinzugeben.

NÄHRWERT
Vitamin C: 250 mg
Kalium: 1,010 mg
Zink: 0,67 mg
168 kcal

HAUSPUTZ FÜR DEN GANZEN KÖRPER

GUT GEGEN **Hypoglykämie.** Der Blutzuckergehalt fällt, wenn die Muskeln und die Leber den Glykogenvorrat in Glukose abbauen und in das Gewebe freisetzen. Dies kann zu Müdigkeit und Ermattung, Benommenheit und Depression führen. Deshalb ist es wichtig, dass Sie Ihren Blutzuckergehalt stabil halten. Früchte enthalten große Mengen an natürlichem Zucker, und deshalb sollten Sie Gemüsesäfte in Ihren Speiseplan aufnehmen. SIEHE AUCH **Die glorreichen Sieben**

Flash Gordon

Dieser Saft enthält Zimt, der bekanntlich den Blutzucker stabilisiert. Um noch einen zusätzlichen Schuss Chrom zur Glukoseregulierung hinzuzugeben, 1 EL rohe Weizenkeime in den fertigen Saft rühren.

Zutaten für 200 ml
125 g Spinat
250 g Äpfel
100 g gelbe Paprika
1 Prise Zimt

Alle Zutaten entsaften und in einem Longdrinkglas servieren. Nach Belieben mit einer Zimtstange garnieren.

NÄHRWERT
Vitamin C: 175 mg
Magnesium: 235 mg
Kalium: 2,125 mg
Zink: 1,54 mg
222 kcal

GUT BEI

Diabetes. Unstillbarer Durst und auffallend häufiges Wasserlassen gehören zu den ersten Anzeichen von Diabetes. Zu der Störung kommt es, wenn die Bauchspeicheldrüse nicht genügend Insulin produziert. Das ist das Hormon, das den Blutzuckergehalt reguliert. (Unbedingt beachten: Da Diabetes eine schwere Erkrankung ist, muss in jedem Fall der Arzt konsultiert werden, insbesondere wenn es sich um ein Kind handelt.)

Grüne Hexe

Dieser Saft enthält die fünf Zutaten, die an der Spitze der Stoffe für natürliche Insulinproduktion stehen.

Zutaten für 200 ml
100 g Rosenkohl
100 g Karotten
100 g Jerusalem-artischocken
100 g grüne Bohnen
100 g Salat
½ Zitrone

Alle Gemüse waschen und zusammen mit der Zitrone entsaften.
Nach Bedarf mit Stangen grüner Bohnen und Karotten garnieren

NÄHRWERT
Vitamin A: 31,642 IE
Vitamin C: 145 mg
Zink: 1 mg
186 kcal

GUT GEGEN **Anämie.** Wenn in Ihrer Ernährung ein Mangel an Eisen besteht (weil Sie eventuell Vegetarier sind oder an starken Menstruationsblutungen leiden), können Sie Anämie bekommen, die Sie lethargisch, depressiv oder anfällig für Grippe und Erkältungskrankheiten macht. SIEHE AUCH **Der große Blub, Froschkönig**

Iron Maiden

Folsäure dient zum Aufbau roter Blutkörperchen, Chlorophyll hilft bei der Bekämpfung von Müdigkeit, und Spirulina leistet eine wertvolle Zufuhr von Vitamin B 12.

Zutaten für 200 ml
250 g Spinat
25 g Petersilie
250 g Karotten
1 TL Spirulina

Spinat, Petersilie und Karotten miteinander entsaften und Spirulina darin verrühren. In einem Saftglas servieren und dabei nach Belieben mit Karottenstäben garnieren.

NÄHRWERT
Vitamin C: 450 mg
Folsäure: 235 mg
Chlorophyll: 100 mg
Vitamin B12: 20 mcg
229 kcal

GUT BEI **Hämorrhoiden.** Dies ist die medizinische Bezeichnung für krampfartige und knotenförmige Erweiterungen des Mastdarmschwellkörpers. Hämorrhoiden werden durch geschwollene Venen innerhalb und außerhalb des Anus verursacht. Sie können Juckreiz und Schmerzen auslösen und sind die häufigste Ursache für Afterblutung. Manchmal verwandelt ein Blutpfropfen oder ein Thrombus eine Hämorrhoide in einen harten, äußerst schmerzhaften Knoten. SIEHE AUCH **Full Speed**

Lucky Luke

Die Brunnenkresse fördert die Auflösung von koaguliertem Blutfibrin, und der Pfirsich unterstützt die Regulierung der Darmbewegung.

Zutaten für 50 ml
250 g Pfirsiche
125 g Brunnenkresse
½ Zitrone

Die Zutaten entsaften und auf Eis servieren. Bei Bedarf etwas Zitrone hineinpressen.

NÄHRWERT
Vitamin A: 5,935 IE
Vitamin C: 85 mg
Kalzium: 185 mg
Vitamin B6: 0,2 mg
172 kcal

GUT GEGEN **Herzkrankheit.** Dies ist eine der Krankheiten, gegen die Sie in der heutigen Gesellschaft gut vorbeugen können. Die erhöhte Aufnahme von gebratenen und fetthaltigen Nahrungsmitteln, hoher Salzkonsum, Stress, Rauchen und Mangel an Bewegung sind Faktoren, die zu einer Erkrankung des Herzens führen können. Wenn Sie Ihrem Körper mehr Vitamin C und Vitamin E zuführen und auf regelmäßige körperliche Bewegung achten, können Sie Ihr Leben um 10 Jahre verlängern.

SIEHE AUCH **Root 66, Marylin**

Herz-As

Zwiebel und Knoblauch verdünnen das Blut und fördern die Senkung des Cholesteringehaltes. Brunnenkresse reichert das Blut mit Sauerstoff an, und Rote Beete bewirkt den Aufbau roter Blutkörperchen.

Zutaten für 200 ml
125 g Rote Beete
125 g Brunnenkresse
125 g rote Zwiebeln
250 g Karotten
1 Knoblauchzehe

Die Zutaten entsaften und in einem Longdrinkglas servieren.
Nach Belieben mit Blättern der Roten Beete und Brunnenkresse garnieren.

NÄHRWERT
Vitamin A: 41,166 IE
Vitamin C: 85 mg
Magnesium: 85 mg
Niacin: 2 mg
Vitamin B6: 0,56 mg
Vitamin E: 2,36 mg
167 kcal

GUT GEGEN **Reisekrankheit.** Wenn Ihnen bereits bei dem Gedanken an eine Reise mit dem Schiff oder Flugzeug oder irgendeinem anderen Transportmittel, in dem es zu ständigen rüttelnden Bewegungen kommt, übel wird, dann kann ein Glas frischen Ingwersaft die Lösung bringen. (1 TL getrockneten Ingwers in Apfelsaft wirkt Wunder, wenn Sie auf Reisen sind.)

SIEHE AUCH **Morgentau**

Easy Rider

Dieser Saft ist garantiert wirkungsvoller als alles, was Sie zu kaufen bekommen. Geriebener Ingwer eignet sich ideal zur Unterdrückung von Übelkeit. Unmittelbar vor Antritt der Reise trinken.

Zutaten für 100 ml
250 g Äpfel
1 Würfel frische Ingwerwurzel (2,5 cm), grob gehackt

Äpfel und Ingwer entsaften und in einem Glas auf Eis servieren. Nach Wunsch mit etwas gehackter Minze garnieren. Dieses Getränk kann je nach Geschmack mit Sprudelwasser verdünnt werden.

NÄHRWERT
Vitamin C: 16 mg
160 kcal

GUT GEGEN **Magengeschwüre.** Diese werden durch ein Übermaß an Säure und das Verdauungsenzym Pepsin verursacht. Magengeschwüre verschlimmern sich durch Stress, Rauchen sowie säurehaltige Nahrungsmittel und Getränke. Wenn Sie Ihre Nahrung so alkalisch wie möglich halten, können Sie Ihre Magengeschwüre erfolgreich bekämpfen. Bei starken Magenschmerzen müssen Sie jedoch stets einen Arzt aufsuchen. SIEHE AUCH **Rote Rakete**

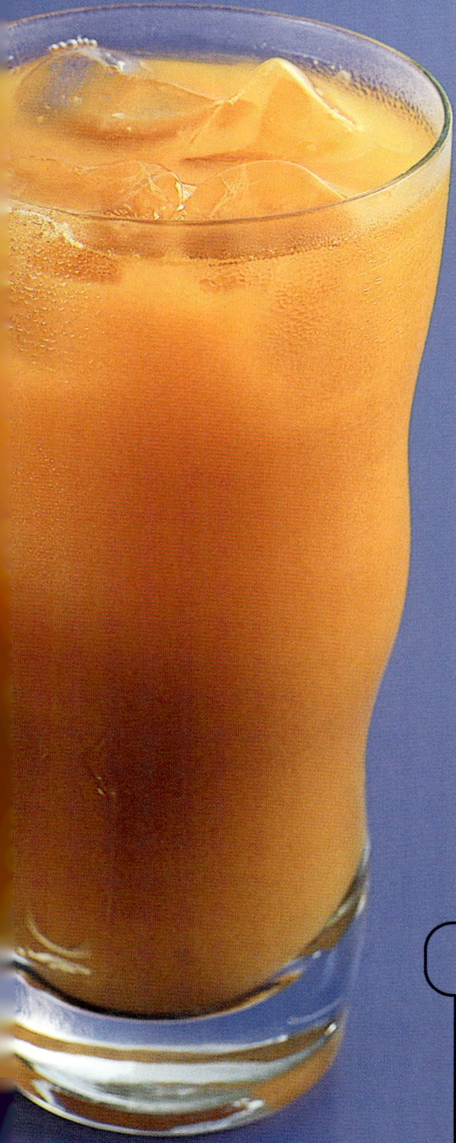

Easy Living

Sowohl Karotten- als auch Kohlsäfte sind dafür bekannt, dass sie eine heilende Wirkung bei Magengeschwüren haben.

Zutaten für 200 ml
250 g Karotten
250 g Grünkohl

Das Gemüse zu Saft verarbeiten und in einem Longdrinkglas auf Eis servieren.

NÄHRWET
Vitamin A: 70,654 IE
Vitamin C: 105 mg
Selen: 5 mcg
Zink: 0,95 mg
180 kcal

GUT BEI

Durchfall (Diarrhoe). Ob Sie an Nahrungsmittelvergiftung, Stress, Reisekrankheit oder Jet-Lag (Zeitverschiebung) leiden, Ihrem Körper wird durch Durchfall stets Wasser entzogen. Sie müssen also gewährleisten, dass Ihrem Körper ausreichende Mengen an Flüssigkeit zugeführt werden, um den Nährstoffverlust zu ersetzen.

SIEHE AUCH **Perlentaucher**

Full Stop

Heidelbeeren enthalten Anthocyanoside, die Bakterien abtöten, von denen Diarrhoe verursacht werden kann.

Zutaten für 150 ml
250 g Äpfel
125 g Heidelbeeren, frisch oder gefrostet

Die Äpfel entsaften und dann in einem Mixer mit den Heidelbeeren verquirlen. In einem Saftglas servieren.

NÄHRWERT
Vitamin A: 8,946 IE
Vitamin C: 20 mg
Magnesium: 18,5 mg
210 kcal

GUT GEGEN **Verstopfung.** Ein träges Verdauungssystem, verursacht durch schlechte Ernährung und Mangel an Verdauungsenzymen, kann zu Verstopfung führen. Dies ist eine sehr unangenehme Störung, die den Darm blockieren und auftreiben kann. Durch eine Kombination von Obst und Gemüse mit hohem Faseranteil und starken Reinigungseigenschaften wird die Erziehung und Stimulierung Ihres Darmes unterstützt und die Verdauung verbessert.

SIEHE AUCH **Die glorreichen Sieben, Lucky Luke**

Full Speed

Diesen Saft könnte man durchaus als Radikalmittel bezeichnen – eine Dosis der drei starken Abführmittel genügt, um die Ordnung in Ihrem Darm und Ihr Wohlbefinden wieder herzustellen.

Zutaten für 200 ml
250 g Birnen
25 g entsteinte Pflaumen
125 g Spinat

Alle Zutaten entsaften und in einem Longdrinkglas auf Eiswürfeln servieren. Nach Belieben mit Birnenscheiben garnieren.

NÄHRWERT
Vitamin A: 8,946 IE
Vitamin C: 80 mg
Kalium: 1,311 mg
302 kcal

GUT BEI

BS (Reizdarmsyndrom). Dieses Syndrom kann durch Stress verursacht werden. Deshalb ist es wichtig, Lebensmittel zu entsaften, mit denen Stress abgebaut und die Heilung von Entzündungen unterstützt wird. Vermeiden Sie Lebensmittel wie Weizen, Kaffee, Kartoffeln, Mais, Zwiebeln, Käse und Weißwein. Eine Entgiftung kann sich als gesundheitsfördernd erweisen.

SIEHE AUCH **Wunder-Bar**

Rote Rakete

Karotten und Äpfel enthalten Pektin, Tanninsäure und Apfelsäure, die die Darmbewegung regulieren und auf die Wände des Darmtraktes lindernd und beruhigend wirken. Kohl entgiftet den Magen und den oberen Darmabschnitt und verbessert die Verdauung.

Zutaten für 200 ml
175 g Karotten
250 g Äpfel
125 g Rotkohl

Alle Zutaten, einschließlich der Apfelkerne, entsaften. In einem Longdrinkglas auf Eis servieren und nach Belieben mit Rotkohlstücken garnieren.

NÄHRWERT
Vitamin A: 49,523 IE
Vitamin C: 70 mg
Kalium: 1,159 mg
Selen: 3,79 mcg
250 kcal

GUT BEI **Katerstimmung.** Wenn Sie am nächsten Morgen für den Spaß des vergangenen Abends büßen müssen, ist die Herstellung eines Saftes wahrscheinlich der schnellste Weg, Ihren Körper zu entgiften. Die Katerstimmung wird hauptsächlich durch Flüssigkeitsentzug (Dehydratation) verursacht. Das Ersetzen der verlorenen Flüssigkeit ist also der schnellste Weg, um Ihrem Körper bei der Regenerierung zu helfen. Der Trick besteht darin, Säfte und Wasser in gleichen Mengen zu trinken. SIEHE AUCH **Bezaubernde Jenny, Hot Stuff**

Hang over

Papaya fördert die Beruhigung des Verdauungssystems; Gurken schwemmen Gifte aus, und Orangen führen große Mengen von Vitamin C zu. Die Gesamtwirkung ist beruhigend und entwässernd.

Zutaten für 200 ml
125 g Papaya
2 Orangen
125 g Gurken

Die Papaya und die Orangen schälen (dabei so viel wie möglich von der weißen Innenhaut an der Frucht lassen); die Gurken waschen. Alles zusammen entsaften und in ein Longdrinkglas auf Eis füllen. Nach Belieben mit Gurken- und Papayascheiben garnieren.

NÄHRWERT
Vitamin A: 1,123 IE
Vitamin C: 218 mg
Magnesium: 51 mg
Kalium: 1,004 mg
Selen: 2 mcg
184 kcal

HAUSPUTZ FÜR DEN GANZEN KÖRPER

GUT GEGEN **Osteoporose.** Eine sehr kräftezehrende Krankheit. Zwar werden in erster Linie Frauen davon betroffen, die die Wechseljahre bereits durchlaufen haben, aber es ist äußerst wichtig, dass auch Frauen im Alter zwischen 20 und 30 Jahren ihren Speiseplan durch knochenstärkende Nahrungsmittel ergänzen. SIEHE AUCH **Root 66**

Jeanne d'Arc

Die oberen Steckrübenblätter enthalten mehr Kalzium als Milch. Auch Brokkoli ist ideal, da er Kalzium und Folsäure enthält. Löwenzahn ist eine ausgezeichnete Quelle für Magnesium, das den Körper bei der Verwertung von Kalzium für gesunde Knochen und Zähne unterstützt.

Zutaten für 200 ml
125 g Steckrüben, mit allen Teilen
125 g Karotten
125 g Brokkoli
1 Handvoll Löwenzahnblätter
175 g Äpfel

Steckrüben und Karotten schaben. Alle Zutaten entsaften und zusammen mit ein paar Eiswürfeln in einem Mixer verquirlen. In einem Longdrinkglas servieren, nach Belieben mit Löwenzahnblättern garnieren.

NÄHRWERT
Vitamin A: 50,391 IE
Vitamin C: 223 mg
Magnesium: 108 mg
Kalzium: 398 mg
Folsäure: 210 mcg
196 kcal

GUT BEI

Arthritis. Die häufigste Form der Arthritis, bei der es zur allmählichen Zerstörung der glatten und elastischen Knorpelschicht kommt, von der die Knochenenden abgedeckt und abgepolstert werden, tritt hauptsächlich bei älteren Menschen auf. Die geschwollenen und entzündeten Gelenke, die diese Erkrankung nach sich zieht, sind äußerst schmerzhaft. Es gibt viele Lebensmittel, die Erleichterung für diesen Zustand schaffen können: Kohl, Zitrusfrüchte, Beeren und Obst, das reich an Vitamin C ist. SIEHE AUCH **Bezaubernde Jeannie, Die glorreichen Sieben**

Twister

Die Salicylsäure in der Pampelmuse baut Harnsäureablagerungen ab, und Karotten und Spinat fördern den Wiederaufbau und die Regenerierung von Knorpel und Gelenken.

Zutaten für 200 ml
125 g Karotten
125 g Spinat
125 g rosa Pampelmusen

Die Pampelmusen schälen und dabei möglichst viel von der weißen schwammartigen Schicht an der Frucht lassen. Alle Zutaten entsaften und in einem Saftglas servieren. Nach Belieben mit Pampelmusescheiben garnieren.

NÄHRWERT
Vitamin A: 43,864 IE
Vitamin C: 167 mg
Zystein: 43 mg
185 kcal

GUT BEI **Haar- und Nagelproblemen.** Während sich tatsächlich fast nichts für die Verbesserung des Aussehens und der Struktur Ihres Haares und Ihrer Nägel machen lässt, da diese Zellen bereits abgestorben sind, gibt es jedoch sehr viele Möglichkeiten für die darunter liegenden, verborgenen Teile – die Wurzeln. Wurzelgemüse ist überaus reich an Silizium und Kalium. Geben Sie deshalb davon so viel wie möglich in Ihren Entsafter für volles und schönes Haar!

SIEHE AUCH **Sergeant Pepper, Welcome**

Struwwelpeter

Dieser Saft hat einen hohen Gehalt an Silizium und Kalium.

Zutaten für 200 ml
175 g Pastinak
175 g grüne Paprika
100 g Brunnenkresse
175 g Gurken

Die Zutaten zusammen entsaften, auf Eis servieren und etwas Minze darüber streuen.

NÄHRWERT
Vitamin A: 6,331 IE
Vitamin C: 242 mg
Kalium: 1,400 mg
211 kcal

GUT BEI **Hautausschlag und Akne.** Kartoffelsaft unterstützt besonders wirkungsvoll die Aufnahme von Nährstoffen, insbesondere durch die Zufuhr von Vitamin C. Das folgende Rezept verstärkt diesen Effekt zusätzlich durch die Kombination mit Karotten. Radieschen eignen sich ideal zur Entgiftung und verhüten Virusinfektionen, Erkältungen und Schleimbildung.

SIEHE AUCH **Cool Down**

Schneewittchen

Dieser Saft enthält Kalium, Schwefel, Phosphor und Chlor, die alle gut gegen Hautausschlag sind.

Zutaten für 200 ml
100 g Kartoffeln
100 g Radieschen
100 g Karotten
100 g Gurken

Die Zutaten zusammen entsaften und in einem Mixer mit 2 Eiswürfeln verquirlen. Alles in einem Longdrinkglas servieren und nach Belieben mit Radieschenscheiben garnieren.

NÄHRWERT
Vitamin C: 56 mg
Kalium 1242 mg
Phosphor: 128 mg
Chlor: 920 mg
155 kcal

GUT BEI **Hautproblemen.** Es gibt viele Ursachen für Hautprobleme. Sie reichen von Stress über Nahrungsallergien bis zu Vitaminmangel. Da Ihre Haut das größte Organ des Körpers bildet, ist sie sein Gesundheitsbarometer, denn an der Haut zeigen sich zuerst alle Störungen des inneren Gleichgewichts. Andererseits werden aber an der Haut auch zuerst die Ergebnisse einer Reinigung Ihres Stoffwechselsystems sichtbar. SIEHE AUCH **Die glorreichen Sieben, Rote Rakete**

Rosenrot

Kartoffelsaft ist äußerst reinigend. Wurzelgemüse enthält Kalium, Schwefel, Phosphor und Chlor, die alle ein ideales Mittel zur Verhütung von Hautausschlag sind. Alle vier Zutaten dieses Saftes enthalten Bioflavonoide, die Entzündungen abklingen lassen.

Zutaten für 200 ml
175 g rote Paprika
175 g Tomaten
100 g Weißkohl
1 EL gehackte Petersilie

Rote Paprika, Tomaten und Weißkohl entsaften. In ein Longdrinkglas gießen, die Petersilie darin verrühren und nach Bedarf mit Limonenstücken garnieren.

NÄHRWERT
Vitamin A: 4,062 IE
Vitamin C: 264 mg
Selen: 2,13 mcg
Zink: 1,14 mg
120 kcal

GUT BEI

Sehschwäche. Wissen Sie noch, wie Ihre Mutter stets darauf achtete, dass Sie Ihre Karotten essen, damit Sie im Dunkeln gut sehen können? Sie hatte vollkommen Recht, denn Karotten enthalten sehr viel Beta-Karotin. Endiviensalat ist sehr nützlich bei der Verhütung von grauem Star. SIEHE AUCH **Twister**

Klein Adlerauge

Durch diese Gemüsekombination wird dem Körper ein sehr hoher Gehalt an Vitamin A zugeführt, das die Nahrungsgrundlage für einen gesunden Sehnerv ist.

Zutaten für 200 ml
175 g Karotten
125 g Endiviensalat
125 g Sellerie

Karotten, Endiviensalat und Sellerie entsaften. In einem Mixer mit ein paar Eiswürfeln verquirlen und nach Bedarf garniert mit Zitronenscheiben und etwas gehackter Petersilie servieren.

NÄHRWERT
Vitamin A: 53,687 IE
Vitamin C: 33 mg
Kalium: 1,499 mg
128 kcal

GUT BEI **Schwangeschaft.** Essen (oder Safttrinken) für zwei kann Ihnen erdrückend vorkommen, wenn Sie das erste Mal schwanger sind. Sie brauchen jedoch Ihre Nährstoff- und Vitaminaufnahme nicht zu verdoppeln, obwohl empfohlen wird, einige davon in verstärktem Umfang aufzunehmen. Ernährungswissenschaftler vertreten die Ansicht, dass es für die meisten Frauen genügt, pro Tag zusätzlich 200 kcal aufzunehmen. Deshalb ist das Trinken von Säften der ideale Weg, um Ihre Aufnahme von Nährstoffen zu erhöhen und dabei gleichzeitig auf die Kalorienzahl zu achten. Besonders wichtig dabei ist, dass Sie Lebensmittel essen (oder entsaften), die einen hohen Gehalt an Folsäure haben, um die Möglichkeit der Bildung von Spina bifida (Wirbelsäulenspaltbildung) zu verringern.

SIEHE AUCH **Froschkönig, Cool Down**

Welcome

Dieser Saft ist besonders reich an Folsäure und Vitamin A, die von wesentlicher Bedeutung für die Fötusentwicklung sind und vor schwangerschaftsbedingten Erkrankungen (Präeklampsie) schützen.

Zutaten für 200 ml
125 g Karotten
125 g Salat
125 g Pastinak
125 g Cantaoupe-Melonen

Karotten, Salat und Pastinak mit dem Fleisch der Melone entsaften. In einem Longdrinkglas mit Melonenstücken nach Bedarf servieren.

NÄHRWERT
Vitamin A: 42,136 IE
Vitamin C: 115 mg
Folsäure: 93,75 mcg
204 kcal

GUT GEGEN **Morgendlicher Übelkeit.** Eine der belastenden Seiten der Schwangerschaft ist die morgendliche Übelkeit und das Schwangerschaftserbrechen. Ingwer ist ein ausgezeichnetes Beruhigungsmittel für den Magen – geben Sie immer einen Schuss Ingwer in Ihren Lieblingssaft. Auch Honig beruhigt den überempfindlichen Magen. SIEHE AUCH **Easy Rider**

Morgentau

Pfirsich hat eine alkalisierende Wirkung auf das Verdauungssystem, und Ingwer wirkt Wunder gegen Übelkeit.

Zutaten für 200 ml
250 g Pfirsiche
1 Würfel frische Ingwerwurzel (2,5 cm), grob gehackt
Sprudelwasser
Minzeblätter

Die Pfirsiche und den Ingwer entsaften und in einem Longdrinkglas auf Eis mit einem Schuss Sprudelwasser und ein paar Minzeblättern servieren. Langsam und schlückchenweise trinken, um Ihren Magen zu beruhigen.

NÄHRWERT
Vitamin C: 10 mg
Kalium: 390 mg
127 kcal

GUT GEGEN **Probleme des Immunsystems.** Alle Säfte, die in diesem Buch vorgestellt werden, stärken Ihr Immunsystem, denn nur mit starken Abwehrkräften ist Ihr Körper in der Lage, Krankheiten zu bekämpfen und zu verhüten. Das Trinken von Saft ist eine ideale Methode, um Ihre Energiereserven und Abwehrkräfte zu stärken. SIEHE AUCH **Feuerkelch**

Izzy Bizzy

Ein Saft mit einem hohen Gehalt an Antioxidantien. Die Limone fördert die Ausscheidung von Giften.

Zutaten für 200 ml
125 g Karotten
250 g Cantaloupe-Melonen
1 Limone
1 Würfel frische Ingwerwurzel (2,5 cm), grob gehackt

Karotten, Melonen, Limone und Ingwer entsaften. Alles in einem Longdrinkglas auf Eis servieren. Nach Belieben mit Limonenstücken und Cardamonkernen garnieren.

NÄHRWERT
Vitamin A: 4,262 IE
Vitamin C: 137 mg
Selen: 2,7 mcg
Zink: 0,84 mg
166 kcal

GUT FÜR **Das Immunsystem.** Das Immunsystem ist das Abwehr- und Verteidigungssystem des Körpers. Meist arbeitet es unbemerkt und wird erst spürbar, wenn es mit einer größeren Herausforderung konfrontiert wird. Das regelmäßige Trinken von Säften ist eine ideale Methode, um Ihre Energiereserven aufzufüllen. SIEHE AUCH **Sergeant Pepper, Rote Sonne**

Fruchtbombe

Ein Getränk mit einem Übermaß an Beta-Karotin.

Zutaten für 200 ml
100 g rote Paprika
125 g Erdbeeren
50 g Tomaten
125 g Mango
125 g Wassermelonen

Alle Zutaten entsaften, in einem Mixer mit 3 Eiswürfeln verquirlen und in einem Longdrinkglas servieren. Nach Belieben mit Mangoscheiben garnieren.

NÄHRWERT
Vitamin A: 9,630 IE
Vitamin C: 231 mg
Selen: 2,66 mcg
Zink: 0,58 mg
200 kcal

IMMUN-FITMACHER

GUT FÜR

Das Immunsystem. Das Immunsystem ist das innere Schutz- und Abwehrsystem Ihres Körpers, das die Aufgabe hat, Bakterien, Infektionen, Viren oder andere fremde Substanzen zu bekämpfen, die eventuell in Ihren Körper eingedrungen sind. Um potenzielle Schwächen oder Krankheiten Ihres Immunsystems zu beseitigen, müssen Sie Ihre Aufnahme von Antioxidantien erhöhen, da diese die Wiederherstellung des Gleichgewichts Ihres Immunsystems fördern.

SIEHE AUCH **Power Pack**

Zaubertrank

Durch seinen äußerst hohen Gehalt an Selen ist dies ein idealer Saft für Raucher, um die Abwehr gegen Lungenkrebs zu unterstützen.

Zutaten für 200 ml
250 g Brokkoli
175 g Karotten
50 g Rote Beete

Alle Zutaten entsaften und in einem Longdrinkglas servieren. Nach Belieben mit einem Stängel Koriander garnieren.

NÄHRWERT
Vitamin A: 52,304 IE
Vitamin C: 43 mg
Selen: 9,86 mcg
Zink: 1,6 mg
172 kcal

GUT FÜR

Immunsystem. Zitrusfrüchte, Erdbeeren, Kiwis, Himbeeren und Heidelbeeren sind hervorragende Lieferanten von Antioxidantien. Dieser Saft verhindert oder behandelt Entzündungen der Harnwege und versorgt den Körper mit Ballaststoffen, die der Entstehung von Dickdarmkrebs vorbeugend entgegen wirken. Die oben genannten Früchte sind kalorienarm und fördern somit eine Gewichtsabnahme.

Beerenstark

Ein Saft mit frisch-herbem Geschmack und eine exzellente Quelle für Vitamin A, Vitamin C, Selen und Zink.

Zutaten für 200 ml

150 g Pampelmuse
50 g Kiwi
175 g Ananas
50 g gefrorene Himbeeren
50 g gefrorene Preiselbeeren

Pampelmuse, Kiwi und Ananas entsaften und mit den gefrorenen Beeren im Mixer verquirlen. Nach Wunsch mit Himbeeren garnieren und mit Strohhalmen servieren.

NÄHRWERT
Vitamin A: 693 IE
Vitamin C: 179 mg
Selen: 4,3 mcg
Zink: 1,43 mg
247 kcal

GUT FÜR **Bereitstellung nährstoffreicher Lebensmittel mit wenigen Handgriffen.** Wir empfehlen Ihnen nicht, anstelle all Ihrer Hauptmahlzeiten Saft zu trinken. Aber das Rezept „Die glorreichen Sieben" auf der neben stehenden Seite und „Black Power" auf Seite 117 ist sehr zu empfehlen, wenn Sie darum bemüht sind, anstelle von Zwischenmahlzeiten einen Saft zu trinken. SIEHE AUCH **Paradiesgärtchen**

Grüner Traum

Dieser Saft hat einen überaus hohen Gehalt an Vitamin B3, Niacin und Folsäure.

Zutaten für 200 ml
250 g Äpfel
50 g Sellerie
50 g Kiwi
½ Zitrone
100 g Avocado

Äpfel, Sellerie, Kiwi und Zitrone entsaften. Zusammen mit der Avocado in einen Mixer geben und 20 Sekunden verquirlen. Nach Bedarf mit Kiwi-Scheiben garnieren.

NÄHRWERT
Vitamin C: 161 mg
Vitamin E: 2,89 mg
Niacin: 2,42 mg
Folsäure: 72 mcg
347 kcal

Die glorreichen Sieben

Eine Seite würde nicht reichen, um die Nährwerte dieses Saftes aufzuzählen. Er ist ein großer Allround-Energiespender.

Zutaten für 200 ml
90 g Karotten
50 g grüne Paprika
25 g Spinat
25 g Zwiebeln
50 g Sellerie
90 g Gurken
50 g Tomaten
Meersalz und Pfeffer

Die Zutaten entsaften und mit Meersalz und Pfeffer würzen. Nach Belieben mit Tomatenstücken garnieren.

NÄHRWERT
Vitamin A: 28,009 IE
Vitamin C: 105 mg
Eisen: 2,41 mg
Kalium: 1065 mg
Selen: 2,5 mcg
Zink: 0,8 mg
115 kcal

GUT FÜR **Versorgung mit nährstoffreichen Lebensmitteln ohne viel Aufwand.** Fühlen Sie sich nicht frischer und energiegeladener, wenn Sie ein gesundes Obstfrühstück eingenommen haben, als hastig eine Tasse Kaffee hinunterzustürzen? Dieses Obst, insbesondere die Banane, erzeugt ein Sättigungsgefühl und fördert die Wiederherstellung des Gleichgewichts Ihres Zuckerspiegels und damit Ihres Energiehaushaltes. Das im Leinsamen enthaltene Protein unterstützt ebenfalls Ihren Zuckerspiegel. Der hohe Gehalt dieses Saftes an Vitamin B stärkt zusätzlich Ihre Energiereserven. SIEHE AUCH **Weißer Riese**

Black Power

Dieser Shake ist ein dickflüssiges Getränk mit großer Schlagkraft – hoher Gehalt an Kalium, Vitamin C, Vitamin B12 und essentiellen Fettsäuren.

Zutaten für 200 ml
250 g Erdbeeren
125 g Kiwi
100 g Bananen
1 EL Spirulina
1 EL Leinsamen

Erdbeeren und Kiwis entsaften und in einem Mixer mit Banane, Spirulina, Leinsamen und ein paar Eiswürfeln verquirlen. Nach Belieben mit roten Johannisbeeren garnieren.

NÄHRWERT
Vitamin A: 365 IE
Vitamin C: 264 mg
Vitamin B12: 40 mcg
Kalium: 1,226 mg
252 kcal

GUT FÜR

Entgiftung. Wassermelone ist der ideale Entgifter – ihre Kerne sind reich an Vitamin E (ausgezeichnet geeignet zur Verbesserung des Zustands der Haut und der Zellerneuerung), und ihr Fleisch hat einen sehr hohen Gehalt an Beta-Karotin und Vitamin C. Wassermelonensaft ist so köstlich, dass es nicht als Pflicht betrachtet werden kann, jeden Tag ein Glas davon zu trinken. Wenn Sie Erdbeeren hinzugeben, erhalten Sie eine große Zufuhr an Vitamin C, und gleichzeitig wird Ihr Körper im Kampf gegen Bakterien unterstützt. SIEHE AUCH **Pink Panther**

Rote Lagune

Hoher Gehalt an Zink und Kalium, zwei sehr wirkungsvolle Substanzen, wenn Schadstoffe ausgeschieden und ausgeschwemmt werden sollen.

Zutaten für 200 ml
200 g Wassermelonen
200 g Erdbeeren

Das Obst entsaften und in einem Mixer verquirlen. Nach Belieben mit einer Garnitur von Minzeblättern und ganzen oder in Scheiben geschnittenen Erdbeeren garnieren.

NÄHRWERT
Vitamin A: 6562 IE
Vitamin C: 195 mg
Kalium: 950 mg
Zink: 0,58 mg
130 kcal

GUT BEI

Entgiftung. Die meisten Menschen haben bereits von der Kohlsuppenkur gehört, aber viele wissen nicht, warum Kohl ein guter Entgifter ist. Da er die Verdauung fördert und Flüssigkeitseinlagerung sowie Verstopfung verhindert, wird sein Nutzen für die Gesundheit sofort spürbar. Er eignet sich perfekt zum Entsaften, da er in rohem Zustand den größten Nährstoffgehalt hat. Viele Ernährungswissenschaftler bezeichnen Kohl tatsächlich als das perfekte Lebensmittel. Sellerie, Brunnenkresse und Birnen sind ideale Beigaben, da sie ebenfalls zu dem Entgiftungsprozess beitragen.

SIEHE AUCH **Rote Rakete**

Wunder-Bar

Der Kohl und die Birne befreien den Grimmdarm von Schlackestoffen, und der Sellerie reinigt die Lymphflüssigkeit.

Zutaten für 200 ml
250 g Birnen
125 g Kohl
50 g Sellerie
25 g Brunnenkresse

Alle Zutaten entsaften und auf Eis servieren. Dabei nach Belieben mit Selleriestangen garnieren.

NÄHRWERT
Vitamin C: 97 mg
Kalium: 1,129 mg
Magnesium: 48 mg
206 kcal

GUT BEI

Entgiftung. Dieser Saft verhindert den Aufbau von Schadstoffen in Ihrem Körper, die Trägheit Ihres Stoffwechsels verursachen, die Energie senken und möglicherweise sogar zu schweren Krankheiten wie Osteoarthritis, Herzerkrankungen, Krebs und Diabetes führen. Karotten, Salat und Sellerie bewirken die Regenerierung der Leber und des Lymphsystems und unterstützen die Verdauung. Petersilie ist gut für Nierensteine und eignet sich daher ausgezeichnet zur Kombination mit diesem Saft. SIEHE AUCH **Die glorreichen Sieben, Rosenrot**

Froschkönig

Dieser Saft entgiftet die Leber und das Lymphsystem und schützt vor schweren Krankheiten.

Zutaten für 200 ml
175 g Karotten
90 g Sellerie
100 g Spinat
100 g Salat
25 g Petersilie

Die Zutaten entsaften und in einem Mixer mit ein paar Eiswürfeln verquirlen. Nach Belieben mit Petersilienstängeln garnieren.

NÄHRWERT
Vitamin A: 60,393 IE
Vitamin C: 120 mg
Kalium: 1,855 mg
Magnesium: 138 mg
137 kcal

GUT BEI

Schlankheitskuren. Eine Schlankheitskur führt gewöhnlich zu Wasser- und nicht zu Gewichtsverlust. Wenn Sie sich bewusst und ausgewogen ernähren und regelmäßig körperlich bewegen, verlieren Sie zwar langsamer an Gewicht, aber die Wahrscheinlichkeit ist größer, dass Sie die Gewichtsabnahme halten. Ein bis drei Safttage zum Entgiften sind somit eine ausgezeichnete Methode, um mit einem Plan zur Gewichtsabnahme zu beginnen. Durch diese Safttage wird Ihr gesamter Organismus stimuliert und Ihr Vorsatz bestärkt! SIEHE AUCH **Grashüpfer**

Emma Peel

Trinken Sie ein Glas dieses Saftes vor einer leichten Mittagsmahlzeit, um die Energie für Ihr Vorhaben zu stärken und die Tiefpunkte während der Kur zu überwinden.

Zutaten für 200 ml
300 g Karotten
50 g Fenchel
75 g Sellerie
1 Würfel frische Ingwerwurzel (2,5 cm), grob gehackt
1 EL Spirulina (optional)

Die Zutaten entsaften und auf Eis servieren. Nach Belieben mit Fenchelstängeln und Fenchelgrün garnieren. Als Appetitzügler können Sie auch 1 EL Spirulina hinzugeben; er enthält Phenylalanin.

NÄHRWERT
Vitamin A: 84,600 IE
Vitamin C: 43 mg
Kalium: 1,627 mg
Magnesium: 80 mg
183 kcal

GUT BEI

Schlankheitskuren. Wenn Sie eine Schlankheitskur auf der Basis von Säften absolvieren, achten Sie auf Abwechslung Ihres Saftplanes, um Eintönigkeit zu vermeiden. SIEHE AUCH **Pink Panther**

Bezaubernde Jeannie

Ein großartiges Getränk, das schlückchenweise anstelle von Alkohol getrunken wird. Gurken spülen die Nieren aus, und Pampelmusen entgiften. Sehr gut nach sportlicher und körperlicher Betätigung. Wer braucht da noch Likör?

Zutaten für 400 ml
600 g Pampelmusen
750 g Gurken
1 Zitrone
Sprudelwasser

Pampelmusen, Gurken und Zitrone entsaften. In einen Krug auf Eis gießen und mit Mineralwasser auffüllen. Nach Belieben mit gehackter Minze und Gurken- und Zitronenscheiben garnieren.

NÄHRWERT
Vitamin C: 273 mg
Kalium: 1,627 mg
Magnesium: 132 mg
Zink: 1,9 mg
302 kcal

GUT BEI

Schlankheitskuren. Ein Vorteil von Schlankheitskuren, die mit sogenannten Safttagen beginnen, besteht darin, dass Säfte gut füllen. Das bedeutet, dass Sie mit weniger großer Wahrscheinlichkeit nach einem Schokoladenriegel greifen.

SIEHE AUCH **Tornado, Der große Blub**

Green Peace

Ein ultragrüner Saft, der die Erhaltung Ihrer Energiereserven fördert.

Zutaten für 200 ml
100 g Brokkoli
100 g Grünkohl
25 g Petersilie
200 g Äpfel
50 g Sellerie

Alle Zutaten entsaften und in einem Glas auf Eis servieren. Nach Belieben mit Grünkohl garnieren.

NÄHRWERT
Vitamin A: 10,574 IE
Vitamin C: 365 mg
Selen: 5,14 mcg
Zink: 1 mg
228 kcal

GUT BEI

Gewichtszunahme. Ein wirklich schmackhaftes Getränk, außerdem absolut kalorienreich. SIEHE AUCH **Kleiner Strolch, Grüner Traum, Paradiesgärtchen**

Buddy Molly

Dieser Saft ist überaus reich an komplexen Kohlenhydraten, die Sie bei Ihrem Wunsch nach Gewichtszunahme unterstützen, wenn Sie den Saft zusätzlich zu einer normalen ausgewogenen Kost trinken.

Zutaten für 400 ml
100 g Ananas
100 g Weintrauben
100 g Orangen
100 g Äpfel
100 g Mango
100 g Bananen

Ananas, Weintrauben, Orangen und Äpfel entsaften. Mit Mango, Bananen und ein paar Eiswürfeln zu einem supersüßen Kaltgetränk in einem Mixer verquirlen. Mit Orangenstücken und Minze garniert servieren.

NÄHRWERT
Vitamin A: 4,631 IE
Vitamin C: 121 mg
Selen: 3,3 mcg
383 kcal

GUT FÜR

Kinder. Die Getränke, die auf dieser Seite bis zum Ende des Buches vorgestellt werden, wurden speziell für Kinder erdacht und zusammengestellt. Säfte sind die schnellste und einfachste Methode, um abzusichern, dass Ihre Kinder nicht nur lebenswichtige Nährstoffe erhalten, sondern auch gleichzeitig Freude und Genuss am Essen haben. Die Zubereitung des Saftes ist so leicht, dass Sie Ihrem Kind diese Aufgabe übertragen können – so fühlen sie sich stärker einbezogen.

Kleiner Strolch

Dieser Saft hat einen hohen Gehalt an Eisen, Kalzium und Kalium und ist damit ein Allround-Fitmacher, ganz speziell für gesunde Knochen und Zähne und gegen Erkältungen.

Zutaten für 200 ml
150 g Karotten
100 g Orangen
100 g Bananen
1 getrocknete Aprikose

Karotten und Orangen entsaften. In einem Mixer zusammen mit den Bananen, der Aprikose und einigen Eiswürfeln verquirlen, nach Belieben mit Bananenstücken garnieren.

NÄHRWERT
Vitamin A: 44,570 IE
Vitamin C: 88 mg
Kalzium: 101 mg
Kalium: 1,475 mg
Eisen: 2,5 mg
204 kcal

Zappel-philipp

Ein stark kühlendes Getränk für Kinder mit großem Bewegungsdrang.

Zutaten für 200 ml
100 g Mango
200 g Äpfel
125 g Gurke

Die Zutaten entsaften und mit ein paar Eiswürfeln im Mixer zu einem fruchtigen, dickflüssigen Saft verquirlen.

NÄHRWERT
Vitamin A: 4268 iuie
Vitamin C: 105 mg
Kalzium: 38 mg
Kalium: 566 mg
200 kcal

Weißer Riese

Ein süßer Milchshake ohne Milchprodukte, der die Verdauung fördert und reich an Protein, Kalzium und Vitamin C ist.

Zutaten für 200 ml
250 g Ananas
100 g Pastinak
100 g Karotten
75 ml Sojamilch

Ananas, Pastinak und Karotten entsaften. In einem Mixer mit Sojamilch und ein paar Eiswürfeln verquirlen. Nach Belieben mit Ananasstücken garnieren.

NÄHRWERT
Vitamin C: 65 mg
Kalzium: 80 mg
Protein: 6 g
266 kcal

Rote Sonne

Dieser Saft ist reich an Vitamin C und schützt besonders gegen Erkältungen. Erdbeeren sind natürliche Schmerzmittel, so genannte Painkiller.

Zutaten für 200 ml
200 g Erdbeeren
200 g Orangen

Erdbeeren und Orangen entsaften. Direkt mit Eis servieren oder mit ein paar Eiswürfeln in einem Mixer verquirlen, um ein dickflüssigeres Getränk zu erhalten. Nach Belieben mit ganzen Erdbeeren garnieren.

NÄHRWERT
Vitamin C: 219 mg
Kalium: 694 mg
Kalzium: 108 mg
154 kcal

Bauchkitzel

Geben Sie ein paar entsaftete Pflaumen hinzu, wenn Ihr Kind an Verstopfung leidet.

Zutaten für 200 ml
300 g Äpfel
200 g schwarze Johannisbeeren

Das Obst entsaften und zusammen mit Eis als Stärkungsmittel und Ersatz für schwarze Johannisbeeren servieren. Nach Belieben zusätzlich mit schwarzen Johannisbeeren garnieren.

NÄHRWERT
Vitamin C: 415 mg
Kalzium: 30 mg
300 kcal

Baby Shake

Dies ist eine natürliche Babynahrung mit äußerst hohem Nährwert.

Zutaten für 150 ml
125 g Birnen
75 g Avocado

Die Birne entsaften und mit Avocado im Mixer verquirlen.

NÄHRWERT
Vitamin C: 12 mg
218 kcal

Glossar

Aloe vera Wird aus einer fleischigen Pflanze gewonnen und eignet sich hervorragend als Ergänzung. Aloe Vera stärkt das Immunsystem und hat Viren bekämpfende und antiseptische Eigenschaften; außerdem lindert es Gelenkbeschwerden und bringt Erleichterung bei Beschwerden, die durch Reizdarm-Syndrom verursacht werden.

Antioxidant Eine gesundheitsfördernde Substanz, die freie Radikale im Körper bekämpft. Viele Vitamine sind Antioxidantien, u. a. die Vitamine A, C und E.

Apiin Ein Glykosid. Es gibt Nahrungsmitteln einen leicht bitteren Geschmack.

Ascorbic acid Vitamin C.

Assimilierung Verdauung und Aufnahme von Nährstoffen im Körper.

Beta-Karotien (Provitamin A) Der Nährstoff findet sich in dunkelgrünen, orangen oder roten Obst- und Gemüsesorten. Beta-Karotin wird im Körper in Vitamin A umgewandelt. Es ist ein Antoxidant und schützt vor Krebs.

Bromelain Ein in der Ananas enthaltenes Enzym. Wirkungsvoll bei der Behandlung von Blutgerinnseln, die zu Thrombose führen können.

Kalzium Der Mineralstoff ist unerlässlich für gesunde Knochen und Zähne und schützt vor Osteoporose.

Calciferol Vitamin D.

Carcinogen Jede Substanz, die im Körper Krebs verursachen kann.

Zentrifugenentsafter Der am häufigsten verwendete Entsafter. Obst und Gemüse gelangen auf sich schnell drehende Reiben. So werden Fruchtfleisch und Saft getrennt.

Cholesterin Fetthaltiger Stoff in Körpergewebe und Blut. Cholesterin kann sich in den Blutgefäßen ablagern und so zu Verstopfungen führen.

Zitruspresse Einfache Zitronenpresse; nur für Zitrusfrüchte geeignet.

Cobalamin Vitamin B12

Kollagen Kollagen: Das elastische Protein formt das Bindegewebe im Körper.

Colon (Dickdarm) Der unterste und längste Abschnitt des Darms.

Degenerative Störungen Degenerative Störungen: Oft ernsthafte Erkrankungen, die sich im Laufe der Zeit ver schlimmern.

Entgiftung Im Laufe diese Prozesses wird der Körper von angesammelten Schadstoffen gereinigt, die häufig einen schlechten Allgemeinzustand bewirken. Positive Folgen einer Entgiftung sind: Bessere Haut, regelmäßigere Verdauung, verbesserte Nieren- und Leberfunktion, Abbau von Stress und Ausgleich des Hormonhaushalts.

Dithiolthione Die pflanzlichen Substanzen beschleunigen die Wirkung von Enzymen während des Entgiftungsprozesses.

Diuretikum Substanz, die zu häufigerem Wasserlassen führt.

DNA Desoxyribonukleinsäure. Zellmaterial, Träger der genetischen Informationen.

Ellagsäure Pflanzlicher Nährstoff, der krebserregende Stoffe im Körper vernichten kann.

Enzyme Stoffe, die Verdauung und Absorbierung von Nahrungsmitteln im Körper unterstützen. Außerdem verwandeln Enzyme Nahrung in Körpergewebe und steigern die Energie

Folsäure Der Nährstoff findet sich in grünem Blattgemüse, Leber, Hülsenfrüchten und Vollkorngetreide. Er verhindert Missbildungen der Wirbelsäure bei ungeborenen Kindern.

Freie Radikale Hochreaktive Moleküle, die Zellen zerstören. Folgen sind: Falten, schlaffe Haut, verminderter Muskeltonus, Altersflecken und der Ausbruch von altersbedingten Krankheiten.

Fruktose Leicht zu assimilierender Zucker. Findet sich in Obst und Honig.

Glukose Ein einfacher Zucker, der sich in vielen Obst- und Gemüsesorten findet. Er ist schnell verdaut und liefert somit schnelle Energie.

Glutathione Moleküle im Körper, die Schadstoffe, wie z. B. Karzinogene, unschädlich machen.

Holistisch (ganzheitlich) Behandlung der gesamten Person und nicht nur der Symptome. Ziel: Umfassende Verbesserung des Allgemeinzustandes.

Immunsystem Hauptbestandteile des Immunsystems sind Antikörper und weiße Blutkörperchen. Das Immunsystem bekämpft die Entstehung von Infektionen.

Inulin Ein einfacher Zucker, der durch das Enzym Inutase in Levulose umgewandelt wird und somit für Diabetiker unschädlich ist.

Inutase Enzym, das Inulin im Körper in Levulose umwandelt

IE Internationale Einheit; Standardmaßeinheit für Vitamine

Levulose Eine Form der Fruktose

Lycopene Ein Antioxidant, der das Risiko von Krebs und Herzerkrankungen verringert. Außerdem schützt er Gelenke, Muskeln und Gehirnzellen.

Press-Entsafter In diesem Gerät werden Obst und Gemüse stark zerkleinert und dann mit großer Kraft durch ein Haarsieb gepresst. Auf diese Art und Weise wird sehr viel Saft erzeugt.

Stoffwechsel Chemische Prozesse im Körper, die Energie und Wachstum bewirken.

Mcg Mikrogramm, ein Millionstel Gramm. Maß-

einheit für Vitamine und Nährstoffe.
Mg Milligramm, ein Tausendstel Gramm. Maßeinheit für Vitamine und Nährstoffe
Nervensystem Ein Netzwerk aus bestimmten Zellen und dem Gehirn, das die Nervenimpulse durch den Körper leitet.
Oxidation Der Verfall von Stoffen, z. B. einiger Vitamine und Nährstoffe, durch Lufteinwirkung. Frische Säfte sollten schnell nach ihrer Zubereitung getrunken werden. Nur so bleibt ein Höchstmaß an Nährstoffen erhalten.
Pantothensäure Vitamin B5.
Papain Ein Enzym, das Eiweiß im Körper aufspaltet.
Pectin Ein Nährstoff in Mark und Zellmembranen von Obst. Pektin senkt den Cholesterinspiegel im Blut.
Phytochemische/pflanzliche Nährstoffe Es gibt Gründe anzunehmen, dass diese Stoffe ernsthafte Erkrankungen vorbeugen, z. B. Krebs, Herzleiden, Asthma und Arthritis. Die moderne Lebensmittel- und Gesundheitsforschung befasst sich vor allem mit diesen Substanzen.
Fruchtfleisch (hier) Faseriger Überrest von Obst und Gemüse nach dem Entsaften.
Pyridoxine Vitamin B6.
Empfohlener Tagesbedarf Die tägliche Menge eines Nährstoffes, die der Körper benötigt, um bei guter Gesundheit zu bleiben.
Retinol Vitamin A.
Behandlungsplan Konzept für die Heilung einer Krankheit oder für die Beseitigung negativer Symptome
Riboflavin Vitamin B2.
Spirulina Ein Extrakt aus blaugrünen Algen. Als Saftzusatz verwendet erhöht Spirulina den Gehalt an Phosphor, Kalium, Natrium, Vitamin B3 und Beta-Karotin. In erster Linie bewirkt der Extrakt eine Regenerierung und Erneuerung der Zellen. Er bekämpft aber auch Pilzbefall und Bakterien.
Ergänzungen Substanzen wie Spirulina oder Aloe Vera, mit denen der Saft angereichert werden kann, enthalten Vitamine und Mineralstoffe in hochkonzentrierter Form
Thiamine Vitamin B1.
Tocopherol Vitamin E.
Harnsäure Kristalline Säure. Abfallprodukt, das mit dem Urin aus dem Körper geschieden wird.
Vitamin Organische Verbindung, die der Körper in geringer Dosis benötigt, um gesund zu bleiben und sich zu entwickeln.
Vitamin A (Retinol) Organische Verbindung, enthalten in Leber, fetthaltigem Fisch und Milch, besonders wichtig für die Gesundheit der Augen.
Vitamin B1 (Thiamin) Organische Verbindung, die für Erzeugung von Energie und Kräftigung des Nervensystems benötigt wird. Enthalten in Fleisch, Milch, Vollkornflocken, Trockenobst, Nüssen und Hülsenfrüchten.
Vitamin B2 (Riboflavin) Organische Verbindung, die der Körper benötigt, um Energie aus der Nahrung zu gewinnen; hält Augen, Haare und Nägel gesund. Enthalten in Milch, Leber, Nieren, Käse und angereicherten Frühstücksflocken.
Vitamin B5 (Pantothensäure) Organische Verbindung, die als Antistress-Vitamin bekannt ist. Stärkt den Stoffwechsel und hilft dem Körper, Energie aus der Nahrung zu gewinnen. Enthalten in Leber, Nieren, Hefe, Weizenkeimen, Hülsenfrüchten und Gemüsen.
Vitamin B6 (Pyridoxine) Organische Verbindung, enthalten in Fleisch, Bananen, Hülsenfrüchten, Vollkornbrot und Reis. Gleicht Hormonschwankungen bei Frauen aus und unterstützt die Bildung von Zellen.
Vitamin B12 (Cobalamin) Organische Verbindung, die die Bildung von roten Blutkörperchen unterstützt und das Nervensystem gesund erhält. Enthalten in Leber, Nieren, fetthaltigem Fisch, Fleisch, Eiern, Milchprodukten und angereicherten Frühstücksflocken.
Vitamin C (Askorbinsäure) Organische Verbindung, die in den meisten Obst- und Gemüsesorten enthalten ist, besonders in Orangen, schwarzen Johannisbeeren und Kiwi. Schützt vor Krebs und Herzerkrankungen, hat antioxidantische Wirkung, hält Knochen, Zähne und Gaumen gesund.
Vitamin D (Calciferol) Organische Verbindung, die die Gesundheit des Nervensystems unterstützt und für den Aufbau von Knochen und Zähnen benötigt wird. Enthalten in fetthaltigem Fisch, Milchprodukten und Eiern.
Vitamin E (Tocopherol) Antioxidantisch wirksame, organische Verbindung, die die Zellen vor Schädigung durch freie Radikale schützt und Herzerkrankungen und Krebs vorbeugt. Enthalten in Pflanzenöl, Weizenkeimen, Nüssen, fetthaltigem Fisch, Eiern, Avocado und Spinat.
Vitamin K Organische Verbindung, enthalten in grünen Gemüsen, wie Brokkoli, Spinat, Kohl und Seetang sowie in Leber und Tomaten. Wichtig für die Gerinnungsfähigkeit des Blutes.
Weizengras Die Pflanze wird aus den Beeren gezogen. Sie enthält sehr viel Chlorophyll. In Saft vermischt der ideale Energiespender.

Stichwortverzeichnis

Danksagung

Autorinnen und Verlag danken
Raw Health Ltd, 79 Myddleton Road,
London, N22 8NE, (tel: 0870 800 7020),
für die Leihgabe:
Oscar Pulverizing Juicer.
www.goraw.com

Herausgeberin: **Nicola Hill**
Projektherausgeberin: **Sarah Ford**
Mitherausgeberin: **Annie Lee**
Künstlerische Leitung: **Geoff Fennell**
Designer: **Justine Harrison**
Produktionskontrolle: **Jo Sim**
Fotograf: **Stephen Conroy**
Hauswirtschaftliche Leitung: **David Morgan**
Stylistin: **Angela Swaffield**